Freuden-reiche Zeit

Ein kleines Lesebuch zum großen Fest

Zusammengestellt von Ulrike Voigt

camino.

Inhalt

Erwarten und aufbrechen

Staunen und sich freuen

Ein Wort zuvor

Eine freudenreiche Zeit – so nennen wir gemeinhin die Weihnachtszeit! Alles in unseren Breiten scheint Jubel, Freude, Festlichkeit auszudrücken. Liebgewordene Rituale und Bräuche allerorten, üppige Dekorationen und Feierlichkeiten. Aber Aufwand und Ergebnis klaffen oft weit auseinander, Weihnachten ist von Konsum und Äußerlichkeiten geprägt, echte Freude stellt sich nicht automatisch ein, wenn schon ab dem Spätsommer in den Läden Lebkuchen und Weihnachtsdekorationen Einzug halten, wenn überall und inflationär Weihnachtsmelodien dudeln, wenn auf Weihnachtsmärkten und in Geschäften, beim Wünschen und Schenken Hektik und Stress vorherrschen. Vielen Menschen ist zudem der eigentliche Sinn dieses Festes gar nicht mehr bekannt und bewusst. Freudenreiche Zeit?

Die hier versammelten Geschichten, Gedichte, Meditationen und Lieder fragen nach der ursprünglichen Weihnachtsfreude, die sich so oft und vor allem zuallererst dort eingestellt hat, wo sie keiner erwartet hat und wo es gar nicht glanzvoll zuging. »Wo ist der Freuden Ort? Nirgends mehr denn dort, da die Engel singen ...«, heißt es in einem alten Weihnachtslied. Aus Erschrecken und Staunen wurde Freude: auf dem Feld bei den Hirten, in einem bescheidenen Stall für die Weisen aus dem Morgenland; da, wo sich Menschen für das Heilige geöffnet und Gott in dem Kind in der Krippe erkannt haben. Dass solche Weihnachtsfreude durchaus auch eine Zumutung sein kann, auch davon handeln diese Texte. Und davon, dass die eigentliche Weihnachtsfreude die Menschen wie einst die Hirten in Bewegung setzen will – sie will uns auf den Weg schicken: »Weihnachten, ein Weg beginnt: Der Weg Gottes im Menschen und der Weg des Menschen in Gott.« (Gerhard Karrer). Die echte Weihnachtsfreude lässt sich nicht machen. Sie wird uns geschenkt. O freudenreiche Zeit.

Ulrike Voigt

Anfangen und Fragen

Mensch, wach auf

PETRUS CEELEN

Mensch, wach auf,
siehst du denn nicht,
was das Leben dir gibt?

Mensch, wach auf,
hörst du denn nicht,
wie der Tag dich ruft?

Mensch, wach auf,
merkst du denn nicht,
was dich heute erwartet?

Wachet auf,
ruft uns die Stimme,
die auch auf dich wartet.

Licht und neuer Mut – meine wichtigste Adventserfahrung

KARL KARDINAL LEHMANN

Erinnerungen an den Advent habe ich vor allem aus dem Leben in den Dörfern der Schwäbischen Alb während des Zweiten Weltkrieges und kurz danach. Wir waren gewiss nicht so bedrängt in unserer ländlichen Gegend wie die Menschen in den Ballungsgebieten und Städten. Aber man hat auch als Kind und Jugendlicher viele Sorgen und Ängste mit sich herumgetragen:

Kommt endlich wieder einmal ein Lebenszeichen vom Vater? Kommen alle anderen wieder nach Hause? Immer wieder musste ich auch an die Nächte im Bunker denken, als wir aus dem Schlaf gerissen und in die Enge eines vollen Kellers gebracht wurden.

Da brachten die Gänge zum Gottesdienst am frühen Morgen in der Adventszeit – man nennt sie bis heute Rorate-Gottesdienste – eine ganz andere Stimmung. Es machte nichts aus, sehr früh aufzustehen. Wir stapften dann oft durch tiefen Neuschnee über die verschneiten Wiesen und Waldwege in die Kirche. Die Wege waren kaum mehr zu erkennen, man musste sie tasten. Was half dabei? Ein Stock und eine Stall-Laterne mit Öl. Licht! Das war entscheidend. Wir sahen weiter. Wir fühlten uns sicher. Wir waren ja auch nicht allein. Von Ferne läuteten die Glocken. Es war eine kalte und dunkle Herausforderung, aber wir freuten uns auf diesen Weg durch die Nacht mit unserem Licht.

Zwei Dinge haben mich eigentlich damals schon beschäftigt und auch später nicht losgelassen, als ich Theologie studierte. Auf der einen Seite war unsere Hoffnung, der Krieg möge bald zu Ende gehen. Wir hatten wirklich Sehnsucht nach Frieden. Advent war so richtig die Zeit, um in die unbekannte Zukunft zu schauen und auch ein wenig zu träumen, wie es anders sein könnte. Aber so wie es durch Nacht und manchmal Nebel, Kälte und Schnee ging, waren wir doch zuversichtlich im Blick auf das Kommende. Wir spürten, dass zum Menschen dieses Vertrauen in die Zukunft gehört.

Aber wir hatten dennoch in unseren Herzen auch viele Ängste. Was wird nach dem nächsten Bombenangriff sein? Ich konnte auch nicht vergessen, wie schwer die Schritte des Postboten waren, als er meiner Großmutter die Nachricht vom Tod ihres ältesten Sohnes, der den Hof erben sollte, überbrachte. Die ganze Zeit vorher fragten wir immer wieder: Wird er noch einmal kommen?

So war uns bei allem Mut zur Zukunft, in die wir trotz des Krieges hineinlebten, auch überdeutlich, dass nicht wir allein die bessere Welt bauen. Da brauchte es nicht nur den guten Willen der Menschen, miteinander in Frieden und Sicherheit zu leben. Da gab es noch einen über uns, der wohl allein die Zukunft des Menschen in Händen hatte. Deswegen gingen wir ja auch in die Kirche, um uns von Gott her neuen Mut zu holen. Dort kamen die vielen Lichter zusammen und erhellten die Nacht. Nach einem kargen Frühstück ging es in den Alltag, in die Schule. Irgendwann einmal wird wieder die Sirene heulen und uns in den Luftschutzkeller treiben. Hoffentlich geht alles gut.

Diese doppelte Stimmung der Hoffnung habe ich auch später nicht vergessen. Advent ist offenbar eine gute Zeit der Einübung in das Menschsein. Da ist auf der einen Seite die Hoffnung mit unseren Erwartungen und Plänen, aber auch den Ängsten, ob aus den Träumen etwas wird. Da steht stärker die Hoffnung als unsere Leistung und unser Können im Vordergrund.

Dies wird immer zum Menschen gehören, solange er lebt, aber wir wissen auch, dass wir die wahre und bleibende Zukunft nicht von uns aus schaffen können. Die wahre Zukunft unseres Lebens kommt auf uns zu. Gott ist die Zukunft unseres Lebens. Im Advent erleben wir in besonderer Weise beides, die Zukunft, die wir entwerfen, die aber immer wieder auch scheitert, und die verlässliche Zukunft, die uns Gott schenkt, in dieser Zeit gewiss vorläufig und bruchstückhaft, am besten vielleicht zu spüren in Frieden, Freiheit und Freude.

Auf dem Weg nach Bethlehem

RAINER HAAK

Auf dem Weg nach Bethlehem
kann dir ein Hungernder begegnen;
wenn du ihm zu essen gibst,
wird er dich segnen.

Da leuchtet das erste Licht,
ein warmer, matter Schein.
Du schaust in sein Gesicht.
Wer kann das sein? Wer kann das sein?

Auf dem Weg nach Bethlehem,
kann dir ein Flüchtling begegnen,
und wenn du ihm Heimat gibst,
wird er dich segnen.

Da leuchtet das zweite Licht,
ein warmer, matter Schein.
Du schaust in sein Gesicht.
Wer kann das sein? Wer kann das sein?

Auf dem Weg nach Bethlehem,
kann dir ein Gefangener begegnen,
und wenn du ihm Hoffnung gibst,
wird er dich segnen.

Da leuchtet das dritte Licht,
ein warmer, matter Schein.
Du schaust in sein Gesicht.
Wer kann das sein? Wer kann das sein?

Auf dem Weg nach Bethlehem,
kann dir ein Weinender begegnen.
Wenn du ihm ein Lachen schenkst,
wird er dich segnen.

Da leuchtet das vierte Licht,
ein warmer, matter Schein.
Du schaust in sein Gesicht.
Wer kann das sein? Wer kann das sein?

Grünkraft

O Tannenbaum, du trägst ein' grünen Zweig

HANS-JÜRGEN HUFEISEN

Tannen sind vielleicht das stärkste natürliche Symbol für die Macht des Lebens. Ihr Grün besteht aus besonderen Blättern: aus Nadeln. Es welkt nicht, sondern trotzt der Kälte. Tannen überstehen die Unwirtlichkeit des Winters, schenken uns sogar in der klirrendsten Kälte ihre Farbe und ihre Lebenskraft: Immergrün – ein fröhliches Wort der Hoffnung. Bis zu achthundert Winter kann eine Tanne überstehen, bis zu drei Meter dick wird ihr Stamm und ihre Wurzeln reichen tief in die Erde.

Für das Leben und für die ewige Liebe sind die Tannen seit je ein Zeichen. Dichter nutzten den

Baum für die Darstellung romantischer Szenen. Heinrich Heine etwa schildert eine Bergidylle, in der Tannen und Musik eine Rolle spielen:

Lauter rauscht die Tanne draußen,
Und das Spinnrad schnurrt und brummt,
Und die Zither klingt dazwischen,
Und die alte Weise summt:
»Fürcht' dich nicht, du liebes Kindchen,
Vor der bösen Geister Macht;
Tag und Nacht, du liebes Kindchen,
Halten Englein bei dir Wacht!«

Eine Tanne, Engel, Kinder und Musik: Was für eine geborgene häusliche Atmosphäre Heinrich Heine hier ersonnen hat! Und wie einfühlsam er die kindliche Furcht im Blick hatte!
Das erste Tannenlied, das ich gelernt habe, ist bekannter. Es begleitet mich seit meiner Kindheit im Kinderheim »Haus Sonneck« am Niederrhein, in dem ich groß wurde. Wir Kinder haben uns immer sehr gefreut, wenn unsere Erzieherinnen mit uns gesungen haben. Wir durften uns auf den Boden setzen im Gruppenraum, da wo wir wollten, nicht förmlich wie sonst auf

Stühlen. Musik hat etwas mit Freiheit und Bewegung zu tun, das wussten die Erzieherinnen. Gespannt warteten wir, dass meine Erzieherin Olga ihre Flöte herausholte und anfing zu spielen. Eine Strophe solo als Vorspiel, dann stimmten wir ein:

O Tannenbaum, o Tannenbaum,
du trägst ein' grünen Zweig,
den Winter, den Sommer,
das dauert die liebe Zeit.

Dieses Lied hat mich als Kind stets aufs Neue fasziniert. Das Lied vom Tannenbaum zählt zu den schönsten Moll-Melodien, die es im Volksliedbereich gibt. Heute weiß ich: Es ist sehr alt, über fünfhundert Jahre. Es ging den Menschen schon damals offensichtlich so zu Herzen, dass es in vielen Regionen Deutschlands gesungen wurde. Der Dichter Clemens von Brentano hat den Text erstmals auf Hochdeutsch gefasst und in seinem »Wunderhorn« veröffentlicht. Die Zeilen, die auch ich als Kind hörte. Es war besonders die zweite Strophe, die in mir eine Sehnsucht weckte. Die Sehnsucht nach Mutter und Vater.

Warum sollt' ich nicht grünen,
da ich noch grünen kann?
Ich hab' nicht Vater noch Mutter
die mich versorgen kann.

Oh, das kannten wir alle, die in Haus Sonneck aufwuchsen: Unsere Mütter und Väter waren nicht da. Einige Eltern waren gestorben; andere konnten oder wollten sich aus unterschiedlichen Gründen nicht um ihre Kinder kümmern. Dieser Vers sprach uns allen aus dem Herzen.

Auch mir. Ich bin ohne Mutter und Vater aufgewachsen. Meine Mutter lebte noch, hatte sich jedoch dazu entschieden, mich nach der Geburt allein zu lassen. Allein in einem Hotelbett, in dem sie mich geboren hatte. Wer mein Vater war, wusste niemand so genau. Mehrere Männer standen zur Auswahl. Aber das alles war mir damals, mit fünf, sechs Jahren, noch nicht klar. Ich sollte es erst viel später erfahren, als ich schon erwachsen war. Eigentlich war mir noch nicht einmal klar, dass mir meine Mutter fehlte. Für uns Kinder war es ja der Normalzustand, von Erzieherinnen umsorgt zu werden. Trotzdem ahnte ich wohl: Mutter und Vater fehlen. Also saß ich kleiner Knirps da im Kinderheim und sang mit Inbrunst: »Ich hab nicht Vater noch Mutter, die mich versorgen kann.«

Diese Zeile traf mich ins Herz und in die Seele. Das Singen dieses Liedes tat mir gut. Ich hatte das Wissen: Mir ging es nicht alleine so. Ich hatte Mitgenossen, denen es ähnlich erging wie mir. So auch dem mutterlosen Tannenbaum. Und im Singen wurde bei mir wie bei den anderen eine heilende Kraft freigesetzt. Im Gesang öffneten sich unsere Kinderseelen für eine andere Welt, heute würde ich sagen: für eine kosmische Welt, die in bloßen Wörtern nie zu finden ist. Und in dieser anderen Wirklichkeit herrschen andere Gesetze als in der sichtbaren. Da geschieht Heilung nicht nur, wenn man zum Arzt geht. Da heilen auch Klänge, Töne, Lieder.

Erzieherin Olga erkannte, wie gerne ich ihre Flöte hörte. Irgendwann sagte ich ihr: Das möchte ich auch können, so schöne Töne aus so einem Holz zaubern. Als ich sechs Jahre alt war, schenkte sie mir zu Weihnachten eine Blockflöte. Und eine Weile später spielte ich mit ihr auch das Lied vom Tannenbaum. Jede Strophe umwehte mich mit einer anderen Klangfarbe. Und der Tannenbaum wurde zum Sehnsuchtsort für meine Kinderwelt, in der ich dann selbst wie ein Baum wachsen durfte:

Und der mich kann versorgen,
das ist der liebe Gott,
der lässt mich wachsen und grünen,
drum bin ich stark und groß.

Sollte die letzte Strophe ein Versprechen sein? Ein Versprechen, das auch eingehalten würde? Später erst wurde mir klar, dass meine »Ersatzmütter« wie Gottesboten waren. Engel, die mich stärkten und liebten. Wie im besungenen Tannenbaum – ich wurde umsorgt, konnte wachsen und grünen. Hildegard von Bingen nannte dieses Geschenk »Grünkraft«.
Jedes Mal, wenn ich zur weihnachtlichen Zeit einen Tannenbaum sehe, dann nehme ich die »Grünkraft« wahr, die in mir gewachsen ist. Und wenn ich dann noch das Lied auf meiner Holzflöte spiele, erwacht zugleich aus dem Holz eines Baumes etwas Lebendiges: als wenn der Traum vom mutterlosen Tannenbaum in mir neu aufersteht.

Wie im Himmel so auf Erden

PETRUS CEELEN

Tannenbaum, Krippe, Engel
schon im Oktober im Schaufenster,
stimmungsvolle Weihnachtsmusik
zur Unzeit. Alles nur Kommerz?

Oder steckt hinter dem Rummel
nicht doch auch eine Ahnung,
wie es in der Welt sein könnte,
Friede auf Erden ...?!

Wieviel ärmer wären wir,
wenn wir die tiefe Sehnsucht
nicht mehr im Herzen trügen:
Alle Menschen werden Brüder.

Wie im Himmel so auf Erden.

Vorläufig

JENS MAIERHOF

Wer von uns gibt sich mit etwas Vorläufigem zufrieden? Das Vorläufige kennzeichnet einen Mangel: Da steht noch etwas aus: das Definitive und Endgültige. Schon morgen ist das Vorläufige »Schnee von gestern«, hat keinen Bestand und wird bald übertroffen. Das Vorläufige stößt kaum auf Resonanz. Neben dem Desinteresse schwingt auch Unsicherheit mit: Das Ende ist offen, der Weg nicht klar.

Ich tue mich schwer, den Begriff »vorläufig« auf mein Leben zu beziehen. Ist mein Leben, mein Engagement nur vorläufig? Wird alles noch überboten, was ich zuwege bringe? Ist all meine Anstrengung letztlich umsonst, weil es eh unvollkommen ist; unser ganzes Leben nur Stückwerk, eine ewige Baustelle? Aber ich will doch auch etwas zu Ende bringen, die Früchte meiner Arbeit sehen, begehrt es in mir auf. Mit wem trete ich in Konkurrenz? Wer überflügelt mich, wer überrundet mich, bevor ich die Ziellinie überschritten habe?

Johannes der Täufer wird in der Tradition der Kirche »Vorläufer« genannt. Wir finden uns damit in bester Gesellschaft. An seinem Reden und Tun wird deutlich: Er erkennt seine Vorläufigkeit an. So einfach lässt sich der innerste Kern seiner Berufung zusammenfassen. Da steht einer hin und nimmt sich zurück, geht voran, aber lässt einem anderen den Vortritt. Er selbst nimmt sich nicht so wichtig und ermöglicht auf diese Weise eine echte Beziehung zwischen Gott und den Menschen.

An Johannes kann man ablesen: Der Gedanke an die eigene Vorläufigkeit darf mich nicht in die Resignation und Passivität treiben. Sie will auch nicht meinen gesunden Ehrgeiz brechen, aber mich vor einem übersteigerten und krankmachenden Streben bewahren. Vorläufigkeit ist ein aktives Geschehen, eine spannungsreiche Haltung, wie es auch in dem Wort drin steckt: vorlaufen. Wenn wir uns mit unserer Vorläufigkeit anfreunden können, dann sind wir adventliche Menschen. Denn es kann uns entlasten und von all dem Druck befreien, dass nicht alles allein von uns abhängt, dass wir nicht bei allem die Nase vorn haben müssen. Indem wir uns der eigenen Vorläufigkeit bewusst werden, sind wir im Begriff, wahrhaftige »Adventsmenschen« zu werden – Menschen, deren Wünsche nicht alle in Erfüllung gehen müssen, um glücklich zu sein; Menschen, die noch etwas für ihr Leben erwarten von Gott.

Johannes erinnert uns daran, dass auch wir als Gemeinde und Kirche nicht Selbstzweck sind. Auch die Kirche ist nur eine vorläufige Größe und nicht die hauptsächliche Zielperspektive. Das darf auch daran deutlich werden, wie sich kirchliche Amtsträger gebärden, kleiden, feiern. Das kann durch unser ehrenamtliches Engagement sichtbar werden, indem wir über unsere Gruppierung und Gemeinde hinaus blicken und unseren Horizont weiten auf Gottes Reich hin.

Die Kunst, die Zeit zu ehren

PAUL WEISMANTEL

Innehalten, auch wenn das Tempo
unserer Zeit immer noch schneller
und rasanter zu werden scheint
höchstgeschwindigkeitsgefährlich,
mit ungeheuerlichen Folgen.

Innehalten, im Strom der Zeit,
eine Atempause einlegen, um
nicht mitgerissen zu werden
von den sintflutartigen Wellen,
die wie ein Tsunami alles
verschlingen.

Innehalten, um von der
stark befahrenen Überholspur
auf die Kriechspur zu kommen,
umzuschalten, langsamer zu
fahren, ruhiger zu werden,
sich Zeit zu lassen.

Innehalten, innerlich anhalten,
das »Stopp-Schild« erheben,
einen Punkt oder sogar einen
Doppelpunkt machen, einen
dicken Gedankenstrich.

Innehalten, der Einladung
Jesu folgen, den einsamen
Ort aufzusuchen, wo man
mit ihm allein ist und sich
endlich ausruhen kann,
wo ich bei ihm meinen Seelenfrieden finde,
meine Herzensruhe.

Worauf Verlass ist

WALTER KARDINAL KASPER

Wir durchleben eine aufregende Zeit: eine Zeit voller blutiger Konflikte, voll von heimtückischen Terroranschlägen, voller Unsicherheit und voller Angst vor dem, was kommen mag. Bisherige Werte und Ordnungen sind erschüttert; viele Menschen haben die Orientierung verloren. Für viele zählen nur noch der Konsum und der augenblickliche private Nutzen.

Jedes Jahr bedeutet die Adventszeit für uns Christen einen Einschnitt, um innezuhalten und um uns neu zu besinnen auf das, was trägt und hält, was unserem Leben Sinn und Richtung gibt.

Zu den biblischen Texten, die im Gottesdienst der Kirche in der Adventszeit gelesen werden, gehören die apokalyptischen Ausblicke auf das »Ende der

Welt«. Das dreizehnte Kapitel des Markusevangeliums beginnt mit einem Bild des Schreckens: Sonne und Mond werden sich verfinstern, die Sterne werden vom Himmel fallen und die Kräfte des Himmels werden erschüttert werden.
Diese Bilder entstammen aus einem vergangenen Weltbild, aber sie sagen auch heute noch etwas Entscheidendes: Unsere Welt ist nicht ewig, und nichts in dieser Welt ist ewig. Die scheinbar sicheren Ordnungen, auf die wir uns meist verlassen, sie sind vergänglich. Das großartige System der Welt und die großartigen Systeme dieser Welt, sie brechen eines Tages zusammen. Auf sie ist kein endgültiger Verlass.
Haben wir nicht gerade dies schon oft erlebt? Von den mächtigen Reichen der Geschichte, ihrem sagenhaften Reichtum und mit Kunstschätzen erfüllten Städten sind nur Ruinen übriggeblieben. In unserer Lebenszeit sind die Berliner Mauer und der eiserne Vorhang gefallen, und mit ihnen sind das nach Weltherrschaft strebende Imperium der Sowjetunion und die Ideologie des Kommunismus fast über Nacht untergegangen.

Ja, es ist wahr, was der Apostel Paulus sagt: »Die Gestalt dieser Welt vergeht« (1 Korinther 7,31). Wer auf sie baut, der baut sein Leben auf den Flugsand der Geschichte, den der Wind der Zeit verweht. »Du Tor«, sagt Jesus, »schon in dieser Nacht kann dein Leben von dir gefordert werden.« (Lukas 12,20)

Doch das dreizehnte Kapitel des Markusevangeliums endet nicht mit einer Schreckensbotschaft. Es sagt uns vielmehr, was bleibt, worauf Verlass ist, worauf wir unser Leben dauerhaft bauen können: »Himmel und Erde werden vergehen, aber meine Worte werden nicht vergehen.« Das Wort Gottes bleibt in Ewigkeit. Denn Gott ist treu; auf ihn ist Verlass. Auf sein Wort kann man bauen. »Du, Herr bis unser Vater, ›unser Erlöser von jeher‹ wirst du genannt« (Jesaja 63,16).
Das Wort Gottes ist vor allem ein Wort der Verheißung und der Hoffnung. Es sagt uns: Gott ist der Herr der Welt und der Geschichte. Er hält die Fäden in seiner Hand. Am Ende wird er die zerstreuten Auserwählten, die durch Gottes Gnade Gerechten, welche nach Gottes Wort leben, aus

allen Windrichtungen sammeln und das Reich des Friedens, der Gerechtigkeit, der Wahrheit und der Liebe aufrichten. Dann wird Gott alles in allem sein (1 Korinther 15,28).
Deshalb haben auch die Gebote Gottes bleibend Bestand. Sie sind nicht überholter altmodischer Plunder, sie sind auch für uns heute ein sicherer Wegweiser. Sie wollen unser Leben nicht einschnüren und uns nicht unfrei machen. Sie sind Worte des Lebens; sie wollen uns helfen, dass unser Leben gelingt und glücklich wird; sie wollen uns zum wahren, zum erfüllten, zum ewigen Leben führen.
In unserer Zeit, wo so viele Menschen vom Leben enttäuscht sind und Hoffnung Mangelware geworden ist, wo Enttäuschung, Mutlosigkeit und Resignation herrschen, dürfen wir Christen Menschen des Advents sein, Menschen des Vertrauens, Zeugen der Hoffnung. Denn ohne Hoffnung kann niemand leben: kein Mensch, kein Volk und erst recht nicht die Kirche. Wir sollen bezeugen, dass das Leben und die Welt nicht ins Leere laufen, sondern einmünden in Gottes Reich.

Was folgt daraus? Nicht sorglose Unbekümmertheit, die denkt: Alles ist nicht so schlimm und alles ist nicht so wichtig; es wird am Ende schon gut gehen. Eine solche oberflächliche Happy-end-Haltung ist dem Evangelium Jesu fremd; er spricht eine andere, eine viel ernsthaftere Sprache: »Seht euch also vor und bleibt wach!«
Damit wir diese Aufforderung auch wirklich ernst nehmen, wiederholt Jesus sie noch zwei Mal: »Seid also wachsam!« Das will sagen: Schlaft nicht, und wiegt euch nicht in einer falschen Sicherheit! »Denn ihr wisst nicht, wann die Zeit da ist.«
Die christliche Hoffnung richtet sich nicht auf einen »Sankt-Nimmerleins-Tag«. Sie ist keine utopische Fernerwartung. Die Hoffnung auf die Ankunft Christi richtet sich auf das Jetzt: Jetzt ist die Zeit; jetzt ist die Stunde. Jeder Tag zählt. Jeder Augenblick kann die Stunde Gottes sein.
Das ist uns heute gesagt. Die Müdigkeit, Sorglosigkeit und Schläfrigkeit von uns Christen sind eine große Gefahr. Deshalb heißt es im Neuen Testament: »Seid nüchtern! Wachet! Euer Widersacher, der Teufel, geht umher wie ein brüllen-

der Löwe und sucht, wen er verschlingen könne« (1 Petrus 5,8). Der Kampf gegen das Böse, gegen die Versuchungen ist an jedem Tag zu bestehen. Jeden Tag gilt es, als Christ hellwach die »Zeichen der Zeit« zu erkennen und die Möglichkeiten, welche sich auftun, mit Klugheit, aber auch mit Mut und Zuversicht zu ergreifen und zu tun, was heute möglich ist. Mitten im Alltag dieser Welt soll Advent sein, weil Gott in uns ankommen will in einem Leben des Gebets und der Werke der Liebe. Im Glauben wissen wir: Jesus Christus, der Herr der Kirche, ist mit uns alle Tage bis zum Ende der Welt (Matthäus 28,20). Dieses Vertrauen und diese Hoffnung sind lebenswichtig für unser ganzes Dasein als Christen. Als adventliche Menschen bauen wir nicht auf die Strukturen dieser Welt, wir sind vielmehr voll Hoffnung auf die kommende Welt. So können wir mit Mut jeden Tag die Portion Last, die uns zugemutet ist, tragen und jeden Tag aufs Neue bereit werden für Gott und sein Reich, das Gerechtigkeit, Friede und Freude im Heiligen Geist ist (Römer 14,17).

Fange an bei mir! Meditation

JENS MAIERHOF

Herr, rufe Menschen, rühre sie an
und fange an bei mir!

Herr, bahne dir einen Weg in die Herzen
der Menschen
und fange an bei mir!

Herr, schreibe auch auf krummen Zeilen
gerade
und fange an bei mir!

Herr, webe dich als roten Faden in das
Leben der Menschen
und fange an bei mir!

Herr, lass auch bei Widerstand und
Bequemlichkeit nicht locker
und fange an bei mir!

Herr, bringe deine Liebe und Wahrheit
zu allen Menschenkindern
und fange an bei mir!

Was war das für ein Fest?

MARIE LUISE KASCHNITZ

Der kleine Junge hockte auf dem Fußboden und kramte in einer alten Schachtel, aus der er einiges zutage förderte, ein paar Röllchen schmutzige Nähseide, ein verbogenes Wägelchen und einen silbernen Stern.

Was ist das?, fragte er und hielt den Stern hoch in die Luft.

Die Küchenmaschinen surrten, der Fernsehapparat gab Männergeschrei und Schüsse von sich, vor dem großen Fenster bewegten sich die kleinen Stadthubschrauber vorsichtig auf und ab. Der Junge stand auf und ging unter die Neonröhre, um den Stern, der aus einer Art von Glaswolle bestand, genau zu betrachten.

Was ist das? Fragte er noch einmal. Entschuldige, sagte die Mutter am Telefon, das Kind plagt mich, ich rufe dich später noch einmal an. Damit legte sie den Hörer hin, schaute herüber und sagte: Das ist ein Stern. Sterne sind rund, sagte der kleine Junge.

Zeig mal, sagte die Mutter und nahm dem Jungen den Stern aus der Hand. Es ist ein Weihnachtsstern, sagte sie. Ein was? Fragte das Kind. Jetzt hab' ich es satt, schrie der Mann auf der Fernsehscheibe und warf seinen Revolver in den Spiegel, was beträchtlichen Lärm verursachte. Die Mutter drückte auf eine Taste, der Lärm hörte auf, und das Bild erlosch.

Etwas von früher, sagte sie in die Stille hinein. Von einem Fest. Was war das für ein Fest?, fragte der kleine Junge. Ein langweiliges, sagte die Mutter schnell. Die ganze Familie stand in der Wohnstube um einen Baum herum und sang Lieder, oder die Lieder kamen aus dem Fernsehen, und die ganze Familie hörte zu. Wieso um einen Baum? sagte der kleine Junge, der wächst doch nicht im Zimmer. Doch, sagte die Mutter, das tat er, an einem bestimmten Tag im Jahr. Es war eine Tanne, die man mit brennenden Lichtern oder mit kleinen bunten Glühbirnen besteckte und an deren Zweige man bunte Kugeln und glitzernde Ketten hängte. Das kann doch nicht wahr sein, sagte das Kind. Doch, sagte die Mutter, und an der Spitze des Baumes befestigte man den Stern. Er sollte an den Stern erinnern, dem die Hirten nachgingen, bis sie den kleinen Jesus in seiner Krippe fanden. Den kleinen Jesus, sagte das Kind aufgebracht, was soll denn das nun wieder sein? Das erzähle ich dir ein andermal, sagte die Mutter, die sich an die alte Geschichte erinnerte, aber nicht genau. Der Junge wollte aber von den Hirten und der Krippe gar nichts hören. Er interessierte sich nur für den Baum, der im Zimmer wuchs und den man verrückterweise mit brennenden Lichtern oder mit kleinen Glühbirnen besteckt hatte. Das muss doch ein schönes Fest gewesen sein, sagte er nach einer Weile. Nein, sagte die Mutter heftig. Es war langweilig. Alle hatten Angst davor und waren froh, wenn es vorüber war. Sie konnten den Tag nicht abwarten, an dem sie dem Weihnachtsbaum seinen Schmuck wieder abnehmen und ihn vor die Tür stellen konnten, dürr und nackt. Und damit streckte sie ihre Hand nach den Tasten des Fernsehapparates aus.

Jetzt kommen die Marspiloten, sagte sie. Ich will aber die Marspiloten nicht sehen, sagte der Junge. Ich will einen Baum, und ich will wissen, was mit dem kleinen Sowieso war. Es war, sagte die Mutter ganz unwillkürlich, zur Zeit des Kaisers Augustus, als alle Welt geschätzt wurde. Aber dann erschrak sie und war wieder still. Sollte das alles noch einmal von vorne anfangen, zuerst die Hoffnung und die Liebe und dann die Gleichgültigkeit und die Angst? Zuerst die Freude und dann die Unfähigkeit, sich zu freuen, und das Sichloskaufen von der Schuld? Nein, dachte sie, ach nein.

Und damit öffnete sie den Deckel des Müllschluckers und gab ihrem Sohn den Stern in die Hand. Sieh einmal, sagte sie, wie alt er schon ist, wie unansehnlich und vergilbt. Du darfst ihn hinunterwerfen und aufpassen, wie lange du ihn noch siehst. Das Kind gab sich dem neuen Spiel mit Eifer hin.

Es warf den Stern in die Röhre und lachte, als er verschwand. Aber als es draußen an der Wohnungstür geklingelt hatte und die Mutter hinausgegangen war und wiederkam, stand das Kind wie vorher über den Müllschlucker gebeugt. Ich sehe ihn immer noch, flüsterte es, er glitzert, er ist immer noch da.

Es ist Advent!

FRIEDRICH WILHELM KRITZINGER

Die Blumen sind verblüht im Tal,
Die Vöglein heimgezogen;
Der Himmel schwebt so grau und fahl,
Es brausen kalt die Wogen.
Und doch nicht Leid im Herzen brennt:
Es ist Advent!

Es zieht ein Hoffen durch die Welt,
Ein starkes, frohes Hoffen;
Das schließet auf der Armen Zelt
Und macht Paläste offen;
Das kleinste Kind die Ursach kennt:
Es ist Advent!

Advent, Advent, du Lerchensang
Von Weihnachtsfrühlingstunde!
Advent, Advent, du Glockenklang
Vom neuem Gnadenbunde!
Du Morgenstrahl von Gott gesendt!
Es ist Advent.

Spuren hinterlassen

ERICH PURK

Beharrlich verfolgte ich auf meinem Weg nach Santiago die Spur eines vorausgehenden Pilgers. Er musste einen Vorsprung von zwei oder drei Tagen haben. Der markante Eindruck im Sand oder Schlamm des Weges verriet einen Markenschuh. Nach einer knappen Woche hatte ich ihn in einem Refugio eingeholt. Zunächst konnte er meine Begeisterung nicht verstehen, dass ich ihn, den Fremden, gefunden hatte. Nach meiner Erklärung sagte mir der junge Franzose: »Ja, wir hinterlassen alle Spuren für jene, die nach uns kommen; wir sind dafür verantwortlich, dass es gute Eindrücke sind.«

Wir sind für unser Spuren, die wir auslegen, verantwortlich. Menschen lernen aus gelungenen und misslungenen Beispielen oft mehr, als wir wahrhaben wollen. Und unsere Wirkung auf andere ist oft intensiver und nachhaltiger, als wir

uns denken. Gelegentlich entdecken wir uns in einem unserer Nachkommen, in seiner Redeweise, in seinen Gesten, in seinem Handeln. Das erfüllt uns nicht immer mit Freude, wenn der Enkel »ganz der Opa« ist oder das junge Mädchen »ganz die Patin«. Schließlich tragen wir Verantwortung für alle, die nach uns kommen. Das beinhaltet auch unsere Verantwortung für eine bewohnbare, menschenfreundliche Welt.
Wenn wir versuchen, den Spuren Jesu zu folgen, dann legen wir für alle, die nach uns kommen, eine gute Markierung aus. Dafür einige Beispiele: Wir vergelten nicht Böses mit Bösem. Unser Ja ist ein Ja und kein »Jein«. Wir gehen an dem Nächsten, der unseren Beistand braucht, nicht achtlos vorüber. In einer ansdtehenden Versöhnung wagen wir den ersten Schritt. Das alles sind gute Spuren, die noch in der nächsten Generation ihre Wirkung zeigen werden. Nichts Gutes wird vergessen. Was aus Liebe geschieht, hat Bestand. Durch die Liebe bleibt etwas aus unserer Welt zurück, selbst wenn unsere Spuren längst verweht sind wie die Fußtritte der Pilger im Sand.

Verheißung

DIETRICH BONHOEFFER

Advent schafft Menschen, neue Menschen. Neue Menschen sollen auch wir im Advent werden. Sehet auf, ihr, deren Blick stier auf diese Erde gerichtet ist, die gebannt sind von den kleinen Geschehnissen und Veränderungen auf der Oberfläche dieser Erde, sehet auf, die ihr euch vom Himmel enttäuscht abgewendet habt, ... sehet auf ihr, deren Augen von Tränen schwer sind und dem nachweinen, das die Erde uns gnadenlos entrissen hat, sehet auf, ihr, deren Blick schuldbeladen sich nicht erheben kann – sehet auf, eure Erlösung naht. Es geschieht noch etwas anderes, als was ihr täglich seht, etwas viel Wichtigeres, etwas unendlich viel Größeres und Mächtigeres – nehmt es nur wahr, seid auf der Wacht, wartet noch einen kurzen Augenblick, wartet und es wird etwas ganz Neues über euch hereinbrechen.

Erwarten und aufbrechen

Advent

RAINER MARIA RILKE

Es treibt der Wind im Winterwalde
Die Flockenherde wie ein Hirt,
Und manche Tanne ahnt, wie balde
Sie fromm und lichterheilig wird,
Und lauscht hinaus. Den weißen Wegen
Streckt sie die Zweige hin – bereit,
Und wehrt dem Wind und wächst
entgegen
Der einen Nacht der Herrlichkeit.

Maßlos warten

DIETRICH BONHOEFFER

Auf Gott kann man doch nicht so resigniert, so maßvoll, so vernünftig warten wie auf eine Gehaltserhöhung. Nein, es ist ein unvernünftiges, maßloses Warten, wenn ein Mensch wirklich Gott meint; wenn er wirklich sich nicht begnügen will mit dem, was ihm als Gottersatz heute von tausend Seiten feilgeboten wird, sondern wenn er einfach weiter wartet, sich sehnt, ausstreckt, hofft, bis es endlich Gott selbst ist, der kommt, der hilft, der tröstet.

Liebe Meditation

JENS MAIERHOF

Großherzig sein
Den Kleingeistern nicht klein beigeben
und den begrenzten Horizont weiten durch
Liebe

Großherzig sein
Den Geizhälsen und den kühlen Rechnern
unberechenbar begegnen mit
Liebe

Großherzig sein
Auf die Unversöhnlichen zugehen
sie aus der Reserve locken aus lauterer
Liebe

Großherzig sein
Die Kleinen und Unauffälligen
würdigen und sie überraschen mit
zuvorkommender
Liebe

Großherzig sein
Die Ängstlichen und Entmutigten
aufmuntern
und sie verlocken zu vertrauender
Liebe

Sind wir noch im Bilde?

FRANZ KAMPHAUS

In der Kunstausstellung anlässlich eines Katholikentages stießen die Besucher gleich am Eingang auf ein eigenartiges Werk. Auf dem Parkettboden lagen zwei große Rahmen aus rostfreiem Stahl, der eine kreisrund, der andere quadratisch, sonst nichts. »Ist das alles?«, fragten sich viele Besucher und schüttelten den Kopf: »Was hat das für einen Sinn?«

Ein leerer Rahmen, in der Mitte ein gähnendes Loch. Wie geht uns das an Weihnachten? Der Rahmen ist wunderbar, wer möchte ihn missen? Und es ist ja wahr: Das Fest muss doch einen Rahmen haben. Aber die Sache selbst, das Bild? Sind wir noch im Bilde?

Manche haben in ihrer Wohnung einen schönen alten Rahmen. Statt des Bildes ist ein Spiegel drin. Der Rahmen mit dem Spiegel: Man steht davor und sieht nur sich selbst. Was feiern wir an Weihnachten: Uns selbst? Unsere Großzügigkeit im Schenken? Unseren guten Geschmack? Ist das alles? Das kann's doch nicht sein.

Man kann ehrlicherweise nicht von Weihnachten reden, ohne von Gott zu sprechen. Da aber geraten wir ins Stocken. Können wir das noch, von Gott sprechen und zu ihm? Hier genau liegt unser Problem. Viele sprechen von einer Kirchenkrise. Die spüren wir auf Schritt und Tritt, nicht nur an den Austritten. Die Kirchen stehen da wie entlaubte Bäume in der Winterlandschaft. Es weht ein kalter Wind – von vorn. Die Krise, in die das Christentum in unseren Breiten geraten ist, sitzt tiefer: Sie ist nicht nur eine Kirchenkrise, sondern eine Gotteskrise. Kann Gott in die Krise geraten? Er nicht, aber wir mit ihm – und er mit uns.

»Woran Gott stirbt«, heißt eine sehr nachdenkliche Rede des Schriftstellers Martin Walser. Er fragt: »Ob ein Kind, das in einer Familie ohne Gott aufwächst, noch erschrickt, wenn es 15 oder 19 wird und selbst erlebt, dass Gott fehlt? Oder vermisst so jemand überhaupt nichts? Der Gott beschimpfende Daumenlutscher ist unser Muster. Dem Daumenlutscher fehlt kein Gott. Er ist sein eigener Gott.« Er genügt sich selbst.

Ist Gott nicht auch im Bewusstsein und in der Praxis der Kirchen an den Rand geraten? Er wird »gewartet«, sagt Walser, perfekt gewartet wie eine Maschine. Wo wird er leidenschaftlich gesucht?

Wir reden uns ständig die Köpfe heiß, aber das Herz bleibt kalt. Wir leugnen Gott nicht, aber wir rechnen auch nicht ernsthaft mit ihm. Unser Gott ist weder zu Fürchten noch zum Verlieben. So reden und erklären wir alles Mögliche, aber es kommt kaum noch durch, was wir der Welt schuldig sind: dass wir für Gott einstehen. Sind wir noch im Bilde?

Sind wir noch im Bilde an Weihnachten? Bei Gott geht es da nicht um blutleere Spekulationen; es geht um uns. Es geht darum, wie groß oder klein wir Menschen von uns selbst denken und von unserer Welt. Nicht zuletzt um der Menschen willen halten wir uns an Gott. Weihnachten sagt uns: Er steckt in unserer Haut. Wir sagen oft: Ich möchte nicht in deiner Haut stecken. Gott hätte das auch sagen können, wahrhaftig. Er hat es nicht getan. Er steckt in unserer Haut. Weder kommt er von oben herab, noch sind wir ihm egal. Er ist ganz einfach mit uns. Weil er mit uns ist, deshalb sind wir mehr, als wir haben und aus uns machen, mehr als unser Werk. Gott ist mit uns.

Die Nacht ist vorgedrungen

JOCHEN KLEPPER

Die Nacht ist vorgedrungen,
der Tag ist nicht mehr fern.
So sei nun Lob gesungen,
dem hellen Morgenstern!
Auch wer zur Nacht geweinet,
der stimme froh mit ein.
Der Morgenstern bescheinet
auch deine Angst und Pein.

Dem alle Engel dienen,
wird nun ein Kind und Knecht.
Gott selbst ist erschienen,
zur Sühne für sein Recht.
Wer schuldig ist auf Erden,

verhüll nicht mehr sein Haupt,
er soll errettet werden;
wenn er dem Kinde glaubt.

Die Nacht ist schon im Schwinden,
macht euch zum Stalle auf!
Ihr sollt das Heil dort finden,
das aller Zeiten Lauf
von Anfang an verkündet,
seit eure Schuld geschah.
Nun hat sich euch verbündet;
den Gott selbst ausersah!

Noch manche Nacht wird fallen
auf Menschenleid und -schuld.
Doch wandert über allen
der Stern der Gotteshuld.
Beglänzt von seinem Lichte,
hält euch kein Dunkel mehr.
Von Gottes Angesichte
kam euch die Rettung her.

Die Könige aus dem Morgenland

UWE BIRNSTEIN

Mitten in Köln: Gold. Unfassbar viel Gold. Über zwei Meter lang, eins fünfzig hoch, einen Meter zehn breit: Gold, besetzt mit über 1000 Edelsteinen, Perlen. Figuren und Szenen aus der Bibel. Der Dreikönigenschrein. Seine Schönheit und sein Glanz blenden. Hier sollen sie also liegen, die sterblichen Überreste der »Heiligen Drei Könige«, die an keiner Weihnachtskrippe fehlen, wo sie oft demütig betend beim Jesuskind stehen. Sie beflügeln die Fantasie von Kindern wie von Erwachsenen: »Morgenland«? Wo ist das überhaupt? Einen weiten Weg haben die exotisch aussehenden Männer auf sich genommen, nur um einem Baby so wenig kindgerechte Geschenke wie Gold, Weihrauch und Myrrhe zu bringen.

Sehnsucht nach lebendigem Glauben

Was treibt einen Menschen eigentlich dazu, das Leben – oder Gott – zu suchen? Die einen sagen: die Unzufriedenheit. Die anderen: die Sehnsucht. »Unruhig ist unser Herz, bis es in dir, Gott, Ruhe findet«, meinte Kirchenvater Augustin. Diese Unruhe ist es, die Menschen aufbrechen lässt. Gehören die drei Könige zu dieser Gruppe von Menschen? Zu denen, die immer wieder das Leben suchen, die nicht ruhig bleiben können angesichts der so vielen noch offenen Fragen und Sehnsüchte?

Die Bibel gibt nur wenige Informationen über sie. Nur der Evangelist Matthäus berichtet von ihnen. »Weise aus dem Morgenland« sollen sie gewesen sein. Sie hätten einen Stern gesehen, dem sie bis nach Jerusalem gefolgt seien, erklären sie dem verdutzten König Herodes. Diesen Stern haben die Weisen als Hinweis auf eine Rettergestalt gedeutet, vielleicht sogar auf den »König der Juden«. Sie bepackten ihre Kamele nicht nur mit Reiseutensilien und Proviant, sondern auch mit Geschenken. Gold nahmen sie mit, Symbol wahren Reichtums; Weihrauch – jenes kostbare Harz, dessen Rauch abwehrende Kräfte gegenüber bösen Mächten zugeschrieben wurden. Und schließlich steckten die Weisen ein Salböl aus Myrrhe, einer Heilpflanze, in ihre Satteltaschen.

Soweit die Erzählung im Matthäusevangelium. Der gelehrte Origenes (3. Jahrhundert nach Chr.) schloss aus den drei Geschenken, dass es sich um drei Überbringer gehandelt haben müsse. Zeitgenosse Tertullian durchforstete die Bibel nach Hinweisen auf die geheimnisvollen Weisen. In Psalm 72 wurde er fündig; da ist von einem »Königssohn« die Rede, dem »Könige« Geschenke bringen. Auch im Buch des Propheten Jesaja findet Tertullian einen Hinweis. »Die Heiden werden zu deinem Lichte ziehen und die Könige zum Glanz, der über dir aufgeht.« So wurden aus den weisen Gottsuchern königliche Pilger.

Heutige Bibelwissenschaftler geben Tertullian immerhin recht: Der Evangelist habe mit der Legende von den Sterndeutern aus dem Osten beschreiben wollen, wie sich eine große alttestamentliche Hoffnung erfüllt: Die Heidenvölker kommen nach Juda und erkennen den Gott Israels als den wahren Gott. Nicht nur in Psalm 72, auch im Buch der Propheten Jesaja (2,2–4) und Micha (Mi 4,1–4) ist von dieser »Heidenvölkerwallfahrt« die Rede. Dahinter steht die Sehnsucht, dass eines Tages die Religion die Menschen nicht mehr spaltet und gegeneinander führt, sondern dass Gott sich als Liebhaber des Friedens offenbart, der allen die Waffen aus der Hand nimmt.

Die Geschichte der Weisen aus dem Morgenland ist also ein Protest dagegen, wenn Religionen und ihre Institutionen Menschen durch Drohungen in Feindschaft gegeneinander führen oder durch verkrustete Lehren an der eigenen Suche und Sehnsucht hindern. Glauben bedeutet doch, die eigenen Sinne zu schulen und Zeichen zu deuten. Auch solche Zeichen, die gemeinhin als unseriös gelten – wie Sterne oder Träume. Das Geschenk der Weisen für uns heute könnte die Einsicht sein: Wer Gott und den Glauben sucht, darf überall suchen – und darauf vertrauen, dass es Zeichen für ihn gibt.

Vielleicht ist das der Grund, warum die Geschichte der drei Weisen die Menschen durch die Jahrhunderte fasziniert hat. Immer mehr Legenden rankten sich um die drei spirituellen Reisenden. Ende des 14. Jahrhunderts sammelte der Karmelitermönch Johannes von Hildesheim die vielen kursierenden Geschichten über die Weisen, setzte sie zusammen und reicherte sie mit seiner eigenen Fantasie an. Seine Version wurde prägend für das künftige Bild von den »Heiligen Drei Königen«. Da habe es drei Könige gegeben, schrieb er, »die in Indien, Chaldäa und Persien regierten«. *Melchior*, von kleiner Gestalt, herrschte über das Königreich Nubien. Sein Reich umfasste auch Arabien, die heutige Sinai-Halbinsel mit dem heiligen Berg, auf dem Gott Mose die Zehn Gebote übergeben hatte. *Balthasar* war der König des Reiches Godolien, zu dem auch Saba gehörte. Viele Gewürze gab es dort. Balthasar war etwas größer als Melchior; der größte der drei aber war *Caspar*, der König von Tharsis – ein schwarzer Äthiopier. Jeder für sich wurde zur

gleichen Zeit über die seltsame Himmelserscheinung des hellen Sternes informiert. »Voller Freude waren sie, dass es ihnen vergönnt war, in solch gesegneter Zeit sein Aufgehen zu erleben.« Die drei Könige wussten nichts voneinander, ihre Reiche waren weit voneinander entfernt. »Da rüsteten sie sich, so gut wie sie es vermochten, mit Geschenken von bedeutungsvollem Sinn, mit herrlichem Schmuck und königlicher Pracht, mit Pferden und Maultieren, mit Kamelen und einem großen Gefolge, um den neugeborenen König aufzusuchen und anzubeten. Sie fühlten, dass dieser König, dem sie huldigen wollten, hoch über ihnen stehe. So statteten sie sich besonders reich und vornehm aus, sie schickten eine große Karawane voraus mit Speis und Trank und allem notwendigen Gerät für sich und ihr Gefolge.« Melchior nahm das Gold mit, Balthasar packte den Weihrauch ein und Caspar die Myrrhe.
Keiner wusste vom anderen, doch wurde jeder von ihnen von dem Stern geführt. Der Stern wanderte mit ihnen weiter, wenn sie ritten, er stand still, wenn sie anhielten. Bei Nacht leuchtete er nicht wie ein Stern oder wie der Mond; strahlend

hell wie die Sonne stand er über dem Weg. Viele Hindernisse überwanden die drei mit Leichtigkeit: hohe Berge, tiefe Abgründe, schreckliche Sümpfe, steile Wege. Trotzdem waren sie schon nach 13 Tagen am Ziel: Jerusalem. So wundersam schnell war die Reise gegangen, dass es sich wie nur ein Tag anfühlte. An einer Wegkreuzung trafen sie sich erstmals. Obwohl sie einander nicht kannten, fielen sie sich freudig in die Arme und küssten sich. Wundersam auch: Jeder sprach eine andere Sprache – trotzdem verstanden sie sich. Bei Sonnenschein durchschritten sie die Stadttore. Sie wollten sich durchfragen nach dem »neugeborenen König der Juden«.

Das versetzte den in Jerusalem residierenden König Herodes in helle Aufregung. Er rief alle Oberpriester und Schriftgelehrten zusammen und fragte sie, ob sie wüssten, wo der König der Juden geboren werde. Ja: »zu Betlehem in Judäa«. So habe es doch der Prophet vorhergesagt: »Du, Betlehem im Gebiet von Juda, bist keineswegs die unbedeutendste unter den führenden Städten von Juda; denn aus dir wird ein Fürst hervorgehen, der Hirt meines Volkes Israel.«

Herodes fürchtete um seine Macht. Er rief die drei Fremden heimlich zu sich und ließ sich genau sagen, wann denn dieser Stern erschienen sei. Dann schickte er sie nach Betlehem und sagte: »Geht und forscht sorgfältig nach, wo das Kind ist; und wenn ihr es gefunden habt, berichtet mir, damit auch ich hingehe und ihm huldige.«
Die Drei aus dem Morgenland verließen den Palast, der Stern wartete bereits auf sie, zog vor ihnen her und leitete sie nach Betlehem. Dort blieb er am Himmel stehen: Ein sicheres Zeichen dafür, dass sie am Ziel ihrer Reise waren. Die Könige trafen Hirten, die ihnen erzählten, was sie vor 13 Tagen erlebt hatten. Die drei Weisen gaben den Hirten Geschenke und legten ihre königlichen Gewänder ab. Am Ende einer Straße, die »die Bedeckte« hieß, kamen sie zum Stall und zur Höhle. Der Stern stand genau darüber, senkte sich herab zwischen die verfallenen Wände aus Lehm und Stein und leuchtete dort mit unbeschreiblicher Klarheit. Der Stall und die daneben liegende Höhle waren von strahlendem Licht erfüllt. Dann stieg der Stern wieder in die Höhe des Himmels und blieb dort unbeweglich stehen.

Etwas von seinem wundersamen Glanz hatte er im Stall und in der Höhle zurückgelassen. Die Könige traten ein und erblickten das Kind mit Maria, seiner Mutter. Sie fielen auf die Knie und beteten es an. Dann öffneten sie ihre Truhen und packten die Geschenke aus.

Was sie da mitgebracht hatten, war etwas ganz Besonderes. Das Gold stammte aus dem Beuteschatz Alexanders des Großen und aus dem Besitz der Königin von Saba. Melchior gab dem Jesuskind einen goldenen Apfel in die Hand, ein Symbol für die Weltkugel. Als Jesu Hand den Apfel griff, zerfiel er zu Staub – ein Zeichen dafür, dass alle Macht der Welt zusammenbricht angesichts des Messias, des Retters der Welt.

Nach einer Stunde brachen die Könige wieder auf. Ihre Heimreise dauerte länger als der Hinweg – zwei ganze Jahre lang waren sie unterwegs, voller Eindrücke und in der Gewissheit, den Sohn Gottes gesehen zu haben.

Zeit schenken

PETRUS CEELEN

Unsere Kinder
haben schon alles,
aber wir können
ihnen etwas schenken,
was ihnen fehlt –
unsere Zeit.

Je mehr wir geben,
desto mehr bekommen wir
zurück.

Der heilige Nikolaus weckt das Gute im Menschen. Er ist der Patron der Advokaten, Bierbrauer, Gefangenen, Jungfrauen, Notare, Parfümeriehändler, Richter, Wirte, Weinhändler und von all den anderen, die gerne so gut sein möchten wie der große Kinderfeund.

Wohin mit der Liebe?

GERHARD KARRER

Es war eine sternenklare Nacht. Ich dachte, ein Nachtspaziergang wäre traumhaft. Ich wünschte mir fortzukommen. Doch ich saß zu Hause, blickte aus dem Fenster, die Sterne funkelten, der Schnee fiel leise und ließ meine Gedanken immer weiter fortschweben. »Wohin soll ich gehen, wie meine Liebe zeigen?« Heute an diesem besonderen Fest. Da kleidete ich mich an, mummelte mich ein und stapfte hinaus in die Nacht. Es war kalt, saukalt sogar. Aber ich war vorbereitet und blieb einige Zeit in der dunklen Nacht. Ich ging an den Häusern vorbei, dachte über die Bewohner nach und wünschte ihnen alles Gute. Vielleicht haben sie es gespürt. Aber was, wenn sie es nicht gespürt haben, wie kann ich das, was in mir ist, äußern? Was soll ich tun? Vielleicht muss ich meinen ganzen Mut zusammennehmen. Da wusste ich plötzlich, ich musste nicht in irgendein Haus gehen, sondern in ein ganz bestimmtes, dort wurde ich erwartet, dorthin ging mein Weg. Dort ging es um Liebe, die Liebe schlechthin.

Nach einer halben Stunde Fußmarsch erreichte ich das Gehöft. In der Stube brannte noch Licht. Es war schon sehr spät. War ich vorher noch so mutig gewesen, so verließ mich der Mut für einige Augenblicke. Es alles belassen, wie es ist. Keiner hätte Schaden genommen. Doch heute an Heiligen Abend, wollte ich am Fest der Liebe, Liebe zeigen. Doch es fiel mir so schwer. So viele Verletzungen und Kränkungen schleppte ich mit mir rum. Sie auch? Ich war nah dran, wieder zu gehen. Mir ging durch den Kopf, sie würde mich wieder abweisen, sich wieder in ihre »Macht mir nichts aus-Maske« flüchten. Wir konnten ja ganz gut oberflächlich miteinander. Aber die Tiefe war verschwunden. Sie war im Laufe der Jahre abhanden gekommen. Wohl von beiden. Sicher, da war Respekt und eine gewisse gegenseitige Wertschätzung. Aber die machte beide nicht satt.

Ich erinnerte mich an meine Kindheit, wie wir an Heiligabend durch die Fenster gespäht haben, ob wir das Christkind entdecken würden. Doch meist sahen wir unsere Eltern nur, wie sie die letzten Vorbereitungen trafen für die Feier des Heiligen Abends. Jetzt machte ich es wieder so und blickte durch eines der Fenster, bei dem die Vorhänge noch nicht zugezogen waren. Sie saß am Tisch und war über einem Buch eingeschlafen. Alle anderen waren wohl schon im Bett. Ich klopfte an die Scheibe. Sie wurde aus dem Schlaf gerissen. Erschrocken blickte sie zum Fenster. Ob sie mich überhaupt erkennen konnte. Ich rief: »Ich bin's!« Sie ging zur Tür, schloss sie etwas umständlich auf und dann stand sie vor mir: alt, müde, ausgemergelt aber doch mit einem letzten Glanz in den Augen.
Der muss es wohl gewesen sein und die Stimmung an diesem Abend, am Fest der Liebe. Denn ich drückte ihre Hand länger als sonst, sagte: »Frohe Weihnachten!« ... dann schluckte ich ein paar Mal, es fiel mir nicht leicht, doch heute wollte ich es und ergänzte: »Schön, dass du mich geboren hast!«

An Gottes Segen

PAUL WEISMANTEL

... hat alles gelegen,
wie es einem oft
erst viel später
bewusst wird.

... haben sich viele
kleine Lichter
entzündet, die zu
starker Hoffnung
geführt haben.

... sind viele kleine
Quellen entsprungen,
die zu schöpferischer
Herzenslust befähigen
im Trott des Alltags.

... haben sich viele
neu erfreut, denen
man die Freude verdorben
hatte oder denen sie
verloren gegangen war.

... hat sich manch einer
erinnert, der in seiner
Not einen Fingerzeig
von oben, eine
spürbare Ermutigung
bekommen hat.

... haben sich viele
neu aufgerichtet,
um erhobenen Hauptes
ihren Weg weiterzugehen,
die vorher ihren Kopf
haben hängen lassen.

Gott – Mensch für mich?

FRANZ KAMPHAUS

Am 24. Dezember 1940 wurde in einem Kriegsgefangenenlager bei Trier ein Weihnachtsspiel aufgeführt. Sein Autor ist ein Gefangener, der Philosoph und bekennende Atheist J.P. Sartre. Er schreibt eine Geschichte, die – wie er sagt – die »weiteste Einheit« zwischen Christen und Ungläubigen zum Ausdruck bringen soll. Das Stück trägt den Namen »Bariona« und schildert die Not der jüdischen Bevölkerung unter dem Joch der Römerherrschaft. So ausweglos scheint die Situation, dass keine Kinder mehr geboren werden, ihre Zukunft sei ja doch der sichere Tod. Da kommt das Gerücht auf, in Bethlehem sei ein ganz ungewöhnliches Kind geboren. Manche halten es für den ersehnten Messias. Bariona (Sartre) schüttelt den Kopf, er kann es nicht glauben. Aber tief in seinem Innern lebt ein Traum. Er sagt: »Wenn ein Gott für mich Mensch würde, für mich, liebte ich ihn, ihn ganz allein. Es wären Band des Blutes zwischen ihm und mir, und für das Danken reichten alle Wege meines Lebens nicht.«

»Wenn ein Gott für mich Mensch würde ...« – »Dich wahren Gott finde ich in meinem Fleisch und Blut.« »Er ist das Bild des unsichtbaren Gottes«. Dieses Bild verdient einen goldenen Rahmen, damit wir es nicht aus den Augen verlieren, und nicht aus dem Herzen. Und alle Wege unseres Lebens reichen nicht für das Danken.

Himmel und Erde

RAINER HAAK

Der Beginn war gleich Programm:
Unterwegs ohne festes Quartier,
ohne Sicherheiten
und ohne jeden Luxus.
Die ersten Gäste
kamen draußen vom Feld,
verschmutzt, verschwitzt, verachtet
und ohne festen Wohnsitz.

Der Beginn war gleich Programm:
Der Himmel öffnete sich
und kam der Erde so nah,
dass Himmel und Erde eins wurden.

Der Beginn war gleich Programm:
In den Tiefen dieser Welt
dürfen wir den Atem
des lebendigen Gottes spüren.

Genau wie damals

ANKE GOLLNIK

Nein, das sind ja Ausländer
und noch drei dazu.
Schwarz ist dieser eine,
Zimmer sind hier keine!
Mach die Türe zu,
ich brauch meine Ruh!

Nein, die ist ja schwanger
und so jung dazu.
das gibt Scherereien,
und das Kind wird schreien.
Mach die Türe zu,
ich brauch meine Ruh!

Nein, das sind so Typen
und noch zwölf dazu!
Die soll weiterfahren

mit den langen Haaren.
Mach die Türe zu,
die störn meine Ruh!

Alles so geblieben,
keiner lernt was dazu.
Damals so wie heute
sind's die gleichen Leute.
Und auch ich und du?
Bleiben Türen zu?

Bist du bereit?

DIETRICH BONHOEFFER

Wir sind ja merkwürdige Menschen. Wenn die Adventszeit wiederkommt, so singen wir vielleicht ein paar Weihnachtslieder mit unseren Kindern zu Haus, eilen und hasten, dass wir unsere Weihnachtseinkäufe fertig bekommen, schreiben ein paar Weihnachtsgrüße, und wenn wir dann all die Weihnachtsfeiern in Vereinen und Gesellschaften hinter uns haben, ziehen wir fröhlich-lächelnd ins Land der Verheißung, ins Weihnachtsland ein ... Aber große Dinge sind verheißen und sie sind im Anzuge, unerhörtes Geschehen wird verkündigt, das noch kein menschliches Ohr vernommen, unerschlossene Geheimnisse werden aufgetan .... Bist du bereit?

Staunen und sich freuen

Der Tag, der ist so freudenreich

Der Tag, der ist so freudenreich
aller Kreature.
Denn Gottes Sohn vom Himmelreich
über die Nature
von einer Jungfrau ist geborn,
Maria du bist auserkorn,
dass du Mutter wärest.
Was geschah so wunderlich?
Gottes Sohn vom Himmelreich,
der ist Mensch geboren.

Halleluja, denn uns ist heut
ein göttlich Kind geboren.
Von ihm kommt unsre Seligkeit;
wir wären sonst verloren.
Am Himmel hätten wir nicht teil,
wenn nicht zu unser aller Heil
dies Kind geboren wäre.
Liebster Heiland Jesu Christ,
der du unser Bruder bist,
dir sei Lob, Preis und Ehre.

15. Jahrhundert, nach dem lateinischen Lied »Dies est laetitiae« (1320);
2. Strophe: Johann Peter Uz, 1781

Guter Hoffnung sein

FRANZ KAMPHAUS

Jesus Christus ist »empfangen durch den Heiligen Geist, geboren von der Jungfrau Maria«. Durch Jesus gehört die Jungfrau Maria in das Glaubensbekenntnis der Christen. Sie hat ihn zur Welt gebracht. Sie weist uns auf ihn hin. Wenn wir auf sie hören und von ihr sprechen, werden wir immer von ihm zu sprechen haben, auch und gerade in dem weihnachtlichen Glaubenssatz, den wir bedenken wollen.

Wenn sich in einer Familie Nachwuchs anmeldet, dann sagen wir: »Die Eltern erwarten ein Kind.« Eigenartig, unser Sprachgebrauch. Wir sagen nicht: »Sie machen das Kind« (so redet man allenfalls im Straßenjargon), wir sagen: »Sie erwarten es.« Wir spüren wohl: Ein Kind kann man letztlich nicht machen, man kann es »nur« empfangen, als Geschenk, als ein Geschenk des Himmels; so wie man ja auch die Liebe nicht machen kann. Sie schenkt sich uns, wie ein Wunder.

Und wenn wir nun auf Jesus Christus schauen? Menschen, die ihm begegneten, haben erfahren, was in seiner Auferstehung und Geistsendung vollends offenbar wurde: Er ist das Gottesgeschenk schlechthin. In seinem Leben, in seinem Sprechen und Tun zeigt sich, wes Geistes Kind er ist. Er ist von Geburt her und im Ganzen seines Daseins durch und durch vom Heiligen Geist: »Empfangen durch den Heiligen Geist«. In ihm ist Gott selbst da, in Person. Nicht Josef hat das gemacht, auch nicht Maria. Er ist Gottes, nicht der Menschen Sohn.

Maria ist dadurch groß, dass sie für Gottes Geist ganz empfänglich war. »Mir geschehe nach deinem Wort«, sagt sie und so geschieht es ihr. So hat sie Gottes Sohn zur Welt gebracht. Sie ist die Urgestalt aller glaubend Empfänglichen, das Urbild der Kirche. Dass wir Christen sind, ist nicht unser Werk, es ist empfangen durch den Heiligen Geist. Selig sind die Empfänglichen.

Jesus ist wirklich geboren, in unserer Welt, nicht scheinbar, sondern tatsächlich. Er ist keine göttliche Idee, menschlich verkleidet. Er ist in Fleisch und Blut eingegangen, er hat Hand und Fuß. Das meint »Inkarnation«: Fleischwerdung. Jesus ist in unsere Welt gekommen, dorthin, wo wir sind, dorthin, wo Schafställe und Futterkrippen stehen, dorthin, wo Menschen hungern und frieren, einsam sind und ausgestoßen, dorthin, wo Sünder und Sünderinnen leben, Aussätzige und verlorene Söhne, dorthin, wo man Gerechte verhöhnt und kreuzigt. Er hat den Erweis seiner Göttlichkeit nicht dadurch erbracht, dass er von oben herab alles regelt, sondern so, dass er auch dem Ärmsten noch Bruder wird und seine Last teilt. Unsere Welt ist seine Welt. Aber er geht nicht auf in unserer Welt.

Mitten in unserer Welt, im Schoß der Jungfrau Maria, beginnt eine neue Welt. Jesus ist unvergleichlich, allen unseren Möglichkeiten voraus. Je länger ich ihn mit anderen vergleiche, desto klarer weiß und glaube ich: Er ist einmalig und nicht zu ersetzen. Ohne ihn sähe mein Leben anders aus. Um nichts in der Welt möchte ich auf ihn verzichten. Wie gut, dass es ihn gibt!

Gelobet seist du, Jesu Christ

MARTIN LUTHER

Gelobet seist du, Jesu Christ,
dass du Mensch geboren bist.
Von einer Jungfrau, das ist wahr,
des freuet sich der Engel Schar.
Kyrieleis.

Des ewgen Vaters einig Kind,
jetzt man in der Krippen findt,
in unser armes Fleisch und Blut
verkleidet sich das ewig Gut.
Kyrieleis.

Den aller Welt Kreis nie beschloss,
der liegt in Marien Schoß,
er ist ein Kindlein worden klein,
der alle Ding erhält allein.
Kyrieleis.

Das ewig Licht geht da herein,
gibt der Welt ein' neuen Schein,
es leucht wohl mitten in der Nacht
und uns des Lichtes Kinder macht.
Kyrieleis.

Der Sohn des Vaters, Gott von Art,
ein Gast in der Welt hier ward
und führt uns aus dem Jammertal,
macht uns zu Erben in seim Saal.
Kyrieleis.

Er ist auf Erden kommen arm,
dass er unser sich erbarm
und in dem Himmel machet reich
und seinen lieben Engeln gleich.
Kyrieleis.

Das hat er alles uns getan,
sein groß Lieb zu zeigen an.
Des freu sich alle Christenheit
und dank ihm des in Ewigkeit.
Kyrieleis.

Josef, der Traummann Gottes

ROLAND KERSCHBAUM

In einer Legende ist von lebendigen Krippenfiguren die Rede, die Weihnachten feiern wollten. Als die Familie des Hauses zur Christmette gegangen war, wurden die Figuren lebendig. Ochs und Esel begannen zu schnaufen, die Engel streckten ihre Flügel aus, und die Hirten machten sich zurecht. Das Jesuskind begann, sich in der Krippe sanft zu regen. Auf dem Gesicht Marias konnte man bereits ein stilles Lächeln entdecken.

Aber halt – es fehlte jemand. Wo war Josef? Hatten die Kinder vergessen, ihn aufzustellen? Maria blinzelte diskret einem Engel zu, und schnell machte er sich auf die Suche. Ohne Josef konnten sie nicht Weihnachten feiern. Der Engel entdeckte Josef schließlich in der Krippenschachtel, noch eingewickelt in Seidenpapier. Er kitzelte ihn mit den Flügeln, da erwachte Josef zu neuem Leben. Er machte sich auf den Weg zur Krippe wie damals, und er hatte das gleiche Gefühl im Herzen: Gott hilft, Gott ist mit uns! Ja, wenn es darauf ankommt, würde er handeln wie damals, er, der große Träumer, der Traummann Gottes. – Josef wird leicht übersehen, auf ältesten Weihnachtsdarstellungen fehlt er oft oder ist später als alter Mann lediglich eine Randfigur, ehe er im 16. Jh. zunehmend an Bedeutung gewinnt.

Josef ist der Mann der vielen Träume, aber er ist nicht weltfremd verträumt. Er hat einen langen Atem für die Wirklichkeit, lässt sich Zeit in seinen Entscheidungen, kein Hitzkopf – ein Entschleuniger in der Hektik der Ereignisse.

Josef ist bereit, Änderungen in seinem Leben in Kauf zu nehmen, ohne unglücklich zu werden. Er sagt Ja zu seiner Frau und zu diesem vorerst fremden Kind.

Josef ist kein Mann großer Worte, aber seine Taten sprechen im Schweigen von seinem Vertrauen. Ohne große Reden sagen sie viel über ihn aus, über seine Offenheit hin auf Gott und seine Familie.
Vielleicht fehlt in der Vorbereitung auf Weihnachten auch uns noch etwas wie in der Legende, ein Geschenk, ein Besuch, ein Brief, eine Erledigung, vielleicht fehlt mir heuer besonders ein Mensch, ein Antwort auf manche Fragen. Vergessen wir dabei den heiligen Josef nicht, gehen wir mit ihm auf Weihnachten zu und erahnen wir: Gott spricht auch zu uns in Ereignissen, Personen, im Traum, in manchen Klopfzeichen des Lebens.

Meditation

Josef, du Traummann Gottes,
ein Traumpartner für Maria,
ein Mann der gerecht war,
der sich Zeit gelassen hat in seinen Entscheidungen,
der nachdenken, eine Sache überschlafen konnte.

Josef, ein Mann, der ein Ohr gehabt
hat für Gott,
der Gott und Mensch vertrauen konnte,
ein Träumer, offen für Gottes Weisung,
aber auch ein Mann der guten Tat,
nicht weltfremd, sondern ihr zugewandt.

Josef, du Traummann Gottes,
Männer, Frauen, Junge und Alte –
sie können von dir Glauben und
Leben lernen,
und erahnen, was es heißen kann:
Gott ist mit dir.

Weihnachten

JOSEF VON EICHENDORFF

Markt und Straßen stehn verlassen,
still erleuchtet jedes Haus,
sinnend geh ich durch die Gassen,
alles sieht so festlich aus.

An den Fenstern haben Frauen
buntes Spielzeug fromm geschmückt,
tausend Kindlein stehn und schauen,
sind so wunderstill beglückt

Und ich wandere aus den Mauern
bis hinaus ins freie Feld.
hehres Glänzen, heiliges Schauern!
wie so weit und still die Welt!

Sterne hoch die Kreise schlingen,
aus des Schnees Einsamkeit
steigt's wie wunderbares Singen –
O du gnadenreiche Zeit!

Wo die Engel singen

FRANZ KAMPHAUS

Das älteste Weihnachtslied, das für alle Zeit den Grundakkord von Weihnachten angibt, stammt nicht von Menschen. Nach der Überlieferung des Lukas haben Engel das Evangelium der Heiligen Nacht gesungen. Engel? Ist das ernst zu nehmen? Es scheint nicht schwer, das Ganze lächerlich zu machen.

Aber wenn man dann tatsächlich einmal die Engel singen hört ... Da können einem schon die Ohren aufgehen. Das kennen wir doch. Jeder von uns weiß, was das heißt. Und viele haben es erlebt: Situationen, in denen sie die Engel singen hörten. Situationen an der Grenze. Allerdings: Das ist Weihnachten, eine Situation an der Grenze, eine Botschaft, die nicht aus uns kommt,

sondern zu uns, von jenseits unserer selbst. Das Lied der Engel – ein Lied, das nicht wir erdacht haben: »Heute ist euch der Heiland geboren«. Heute – euch – der Heiland.
Ein Geschenk des Himmels! In der Tat: das Geschenk des Himmels. Das will uns dieses ursprüngliche Weihnachtslied sagen: Ihr, die ihr alles selbst machen wollt, die ihr schließlich in eurer eigenen Leistung das Heil sucht und euch dabei heillos verrennt – das Heil könnt ihr euch nicht machen. Den Heiland könnt ihr euch nicht machen. Ihr braucht es auch nicht, er ist euch geschenkt. »Heute ist euch der Heiland geboren.« Heiland – dazu hat ihn letztlich auch Maria nicht gemacht. Es gibt nichts auf der Welt, was ihn machen könnte. Er kommt nicht aus uns, sondern zu uns. Wir verdanken ihn Gott. Geschenk des Himmels! Diese Botschaft braucht keinen Vergleich mit den Erzählungen anderer Religionen zu scheuen. Weil sie trägt, darum feiern wir Weihnachten. Darum singen wir. Das ist der Grundakkord unserer Weihnachtslieder.
Findet dieser Grundakkord ein Echo in unserer Lebensmelodie? Oder geben da ganz andere

Mächte den Ton an? Erkennen wir, wer uns dirigiert und wohin er uns führt, in welche Richtung unsere Entwicklung geht und die unserer Gesellschaft? Man sagt, die Dinosaurier seien ausgestorben, weil sie sich in eine falsche Richtung entwickelt haben – zu viel Panzer, zu wenig Hirn. Wie dem auch sei: Befinden wir uns nicht insgesamt in der Welt in einer gefährlichen Fehlentwicklung? Ist es nicht erschreckend, dass der größte Teil menschlicher Intelligenz (des Hirns) in den Panzer investiert wird? Dabei geht es nicht nur um die Rüstung. Ist es nicht überhaupt so, dass wir einen dicken Panzer technischen Könnens und allzu aufgeklärten Wissens haben, aber wenig Seele? Eine dicke Decke von allen möglichen Dingen, aber ein verkümmertes Herz? Kann da das Weihnachtslied noch durch? Erreicht es uns noch im Innersten, oder sind wir schalldicht abgeschirmt?

Spüren Sie, das Weihnachtslied lullt uns nicht ein in irgendwelche Sphärenklänge, es stellt uns Fragen, letzte Fragen, Fragen an der Grenze, dort, wo man die Engel singen hört.

Eine Geschichte für Träumer und Denker

UWE BIRNSTEIN

Zu glauben, dass Gott als verletzlicher Mensch auf die Welt gekommen ist – das ist ja auch eine große Herausforderung an denkende Menschen. Von Anfang an war es ein Skandalon, unvorstellbar. »Ein in Windeln gewickelter Säugling ist kein Gott, den ich anbeten kann«, empörte sich der Häretiker Marcion schon in der Mitte des zweiten Jahrhunderts. Gott wird ganz Mensch, ganz Säugling, wie soll man das begreifen? »Da Gott einmal Mensch werden wollte, um unter uns zu wohnen, da wollte er auch die ganze Entwicklung des Menschenwesens durchmachen und mit dem Kindsein beginnen«, spekulierte der jesuitische

Schriftsteller Peter Lippert vor hundert Jahren; Jesus habe »diese lange Entwicklung gar nicht als zeitraubenden Umweg betrachtet und die Zeit der Kindheit nicht als Wartezeit, deren Abfluss man mit Geduld erwartet. Seine Kindheit war ihm ebenso wichtig wie sein Mannestum, seine Unmündigkeit so bedeutungsvoll wie die Reife, das erste unsichere Tasten seiner Kinderhändchen war ihm so wertvoll und leistungsfähig wie die Hilflosigkeit seiner selben Hände, da sie an das Holz des Kreuzes genagelt wurden.«
Die Frage nach der vollgültigen Menschlichkeit Jesu entfacht von der Urkirche bis heute theologische Dispute. Die Evangelisten Matthäus und Lukas setzen mit ihren Geburtsgeschichten eigene Akzente, Markus dagegen beginnt seine Jesus-Geschichte mit dem Wirken des Johannes und der Taufe Jesu im Jordan. Der vierte Evangelist stellt seinem Evangelium einen Prolog, eine mystisch-philosophische Betrachtung, voraus: »Im Anfang war das Wort, und das Wort war bei Gott, und das Wort war Gott.« Keine Krippe, keine Maria, keine Engel – Johannes spricht von Gott und seinem Wort. Wie genau das göttliche

Wort in die Welt gekommen ist, malt das vierte Evangelium nicht aus. Es heißt lediglich: »Das wahre Licht, das jeden Menschen erleuchtet, kam in die Welt. Er war in der Welt und die Welt ist durch ihn geworden, aber die Welt erkannte ihn nicht.« Würde den Christen nur das Johannesevangelium zur Verfügung stehen, gäbe es wohl keine Krippenkultur, keine Hirtenspiele, keine Sternsinger, die als Heilige Drei Könige verkleidet durch die Straßen ziehen. Aber für das Licht, das Christen an den Weihnachtsbäumen entzünden, gibt dieses Evangelium die tiefste Begründung: »Das Licht leuchtet in der Finsternis, und die Finsternis hat es nicht erfasst.«

»Das Wort ist Fleisch geworden und hat unter uns gewohnt.« So fasst Johannes Weihnachten in seinem Evangelium zusammen. Er hatte eine ganz andere Zielgruppe als die anderen Evangelisten für seine Version der Jesus-Geschichte vor Augen. Er wollte wohl diejenigen von der Gottessohnschaft Jesu überzeugen, die von der damaligen antiken Philosophie geprägt waren. Da war viel vom göttlichen Wort, dem »Logos«, wie es auf Griechisch heißt, die Rede, einem Weltgeist oder auch Vernunftprinzip, das die Welt und den gesamten Kosmos ordne. Wenn Johannes aufzeigen konnte, dass dieser Logos, über den so viele Menschen nachdachten, mit Jesus in die Welt gekommen war, dann konnte er sie vom christlichen Glauben überzeugen! »Niemand hat Gott je gesehen«, weckt Johannes die Sehnsucht der Menschen nach dem Glauben. In Jesus aber könne man ihn endlich erkennen. Der Prolog, den Johannes seinem Evangelium voranstellt, ist also so etwas wie eine philosophische Weihnachtsgeschichte!

Die unterschiedlichen Sicht- und Erzählweisen der Evangelisten zeigen: Es gibt nicht eine einzige gültige Version der Weihnachtsgeschichte. Die Bibel nähert sich dem Geheimnis auf unterschiedlichen Wegen; sie spricht versonnene Träumer ebenso an wie tiefsinnige Denker, Fromme anders als Zweifler, jüdisch Glaubende anders als jene, die dem antiken Götterglauben anhängen. Diese Vielfalt ist einer der Gründe, weswegen sich das Christentum so rasch ausgebreitet hat. In Jesus ist Gott in die Welt gekommen: Diese Grundwahrheit ist allen gemeinsam.

Zu Bethlehem geboren ist uns ein Kindelein

FRIEDRICH SPEE

Zu Bethlehem geboren
ist uns ein Kindelein.
Das hab ich auserkoren,
sein eigen will ich sein.
Eia, eia, / sein eigen will ich sein.

In seine Lieb versenken
will ich mich ganz hinab;
mein Herz will ich ihm schenken
und alles, was ich hab,
eia, eia, / und alles, was ich hab.

O Kindelein, von Herzen
will ich dich lieben sehr,
in Freuden und in Schmerzen
je länger und je mehr,
eia, eia, / je länger und je mehr.

Dazu dein Gnad mir gebe,
bitt ich aus Herzensgrund,
dass dir allein ich lebe,
jetzt und zu aller Stund,
eia, eia, / jetzt und zu aller Stund.

Die große Wendung

DIETRICH BONHOEFFER

Von der Geburt eines Kindes ist die Rede, nicht von der umwälzenden Tat eines starken Mannes, nicht von der kühnen Entdeckung eines Weisen, nicht von dem frommen Werk eines Heiligen. Es geht wirklich über alles Begreifen: Die Geburt eines Kindes soll die große Wendung aller Dinge herbeiführen, soll der ganzen Menschheit Heil und Erlösung bringen. Worum sich Könige und Staatsmänner, Philosophen und Künstler, Religionsstifter und Sittenlehrer vergeblich bemühen, das geschieht nun durch ein neugeborenes Kind. Wie zur Beschämung der gewaltigsten menschlichen Anstrengungen und Leistungen wird hier ein Kind in den Mittelpunkt der Weltgeschichte gestellt.

Brich an, du schönes Morgenlicht

MAX VON SCHENKENDORF

Brich an, du schönes Morgenlicht!
Das ist der alte Morgen nicht,
der täglich wiederkehret.
Es ist ein Leuchten in der Fern',
Es ist ein Schimmer, ist ein Stern,
Von dem ich längst gehöret.
Der Himmel ist jetzt nimmer weit;
Es nahet die sel'ge Gotteszeit
Der Freiheit und Liebe.
Wohlauf, du frohe Christenheit,
Dass jeder sich nach langem Streit
In Friedenswerken übe!
Wer ist noch, welcher sorgt und sinnt?
Hier in der Krippe liegt ein Kind
Mit lächelnder Gebärde.
Wir grüßen dich, du Sternenheld:
Willkommen, Heiland aller Welt,
Willkommen auf der Erde!

Die Hirten

FRANZ-JOSEF BODE

In jener Gegend lagerten Hirten auf freiem Feld und hielten Nachtwache bei ihrer Herde. Da trat der Engel des Herrn zu ihnen und der Glanz des Herrn umstrahlte sie. Sie fürchteten sich sehr, der Engel aber sagte zu ihnen: Fürchtet euch nicht, denn ich verkünde euch eine große Freude, die dem ganzen Volk zuteil werden soll: Heute ist euch in der Stadt Davids der Retter geboren; er ist der Messias, der Herr. Und das soll euch als Zeichen dienen: Ihr werdet ein Kind finden, das, in Windeln gewickelt, in einer Krippe liegt. Und plötzlich war bei dem Engel ein großes himmlisches Heer, das Gott lobte und sprach: Verherrlicht ist Gott in der Höhe und auf Erden ist Friede bei den Menschen seiner Gnade. (Lukas 2,8–14)

Die ersten, die von der Geburt des Retters erfahren, sind – nicht untypisch für das Lukasevangelium – Hirten, einfache, oft verachtete Menschen, die ähnlich wie Zöllner in dem Verdacht standen, es mit Mein und Dein nicht so genau zu nehmen. Vor Gericht konnten sie deshalb keine Zeugenaussagen machen. Und überhaupt: Wer kann im freien Feld schon wirklich »gesetzlich« leben?! – Die Vorliebe Gottes für die Armen und Verachteten, denen er sein Heil in besonderer Weise zuwendet, tritt hier deutlich hervor.

Hirten sind zugleich wachende, für die Zeichen der Natur und der Umgebung aufmerksame Menschen, die für ihre Tiere und auch für alle Gefahren ein besonderes Gespür haben. Sie sind stets bereit, sich und ihre Herde zu verteidigen. Nicht ohne Grund greift die Bibel oft sehr positiv zum Bild des Hirten. Gerade ihnen wird die Botschaft zuteil, die ausgerechnet ein Kind in der Krippe – geboren außerhalb der Herberge, weil dort kein Platz für dieses Kind war – als Retter und Messias offenbart. Offensichtlich können die Einfachen, Verdächtigten und Verachteten, die zugleich wach und bereit sind, am ehesten diese paradoxe Botschaft aufnehmen, dass ein in Windeln gewickeltes Kind in einer Futterkrippe der Retter des ganzen Volkes sein wird, der ersehnte Messias, der Friedensbringer, und nicht der Kaiser Augustus auf seinem Thron in Rom.

Die in der Heilsgeschichte vielfältig vorhergesagte Geburt des Retters ist nun ins Heute gekommen. Sie ist wirkliche, wirksame Gegenwart, in einem Heute, das ein für alle Mal gilt, auch morgen und immer. Denn das Heil, das durch dieses Kind in die Welt gekommen ist, ist unumkehrbar. Es wird sich ereignen im Auftreten Jesu – »Heute hat sich das Schriftwort, das ihr eben gehört habt, erfüllt.« (Lk 4,21) – bis hin zum Kreuz, da Jesus dem mit ihm Gehängten zuspricht: »Heute noch wirst du mit mir im Paradies sein« (Lk 23,43).

Die Geburt dieses Kindes geschieht immer weiter, da hier nicht nur ein Mensch einmal zur Welt gebracht wird, sondern dieser Mensch zugleich als Gott sich immer neu zur Welt bringt und durch uns Menschen zur Welt gebracht werden will. »Und wäre Christus tausendmal in Betlehem geboren und nicht in dir, du wärest allzumal ewiglich verloren.« Dieser berühmte Satz des Angelus Silesius unterstreicht dieses nie ins Gestern geratende Heute, das alles Morgen prägt bis zum ewigen Heute in der endgültigen Gegenwart des Menschen bei Gott.

Die Engel, die Deuter dieses zunächst völlig unscheinbaren Geschehens »am Ende der Welt«, weiten den Blick und machen die eigentliche Dimension des Geschehens in der Davidsstadt deutlich. Heilsgeschichte tritt in ihr unaufhörliches Heute ein und entfaltet ihre Wirkung für alle Menschen, auf denen das Wohlgefallen Gottes ruht. Dieses Ereignis in Betlehem ist der Kreuzungspunkt der Grundbewegungen des Heils: die Verherrlichung des immer größeren Gottes in der Höhe und der Friede für die Menschen in der Weite der Welt. Wahrer Friede geschieht nur dort, wo Gott die Ehre gegeben und kein Mensch vom Heil ausgeschlossen wird.

Der ganze Weg des lukanischen Doppelwerkes ist in dieser Botschaft der Engel vorgezeichnet: Gottes Ver-Herrlichung geschieht im Heil der Menschen – von Betlehem über Nazaret und Jerusalem bis an die Grenzen der Erde. Das Heil ist immer *im Heute* und *für alle*: Die Annahme dieses Heute bewahrt vor einer Verklärung der Vergangenheit und vor einer illusionären Flucht in die Zukunft; die Annahme des Heils für alle bewahrt vor Egoismen und Selbstgerechtigkeit und ermutigt zu missionarischer Weite. Darauf kann man nur reagieren wie die Hirten: »Kommt, wir gehen nach Betlehem, um das Ereignis zu sehen« (Lk 2,15); dann »rühmten (sie) Gott und priesen ihn für das, was sie gehört und gesehen hatten« (Lk 2,20).

Gott wird Mensch

GERHARD KARRER

Wenn ich ausgelassen und fröhlich bin,
Gott wird Mensch.
Wenn ich traurig und deprimiert bin,
Gott wird Mensch.
Wenn ich verlassen und einsam bin,
Gott wird Mensch.
Wenn ich lustig und heiter bin,
Gott wird Mensch.

Gott wird Mensch, wenn ich auf der Suche nach
mir selber bin.
Gott wird Mensch, wenn ich unsicher
und ratlos bin.
Gott wird Mensch, wenn ich zufrieden
und satt bin.
Gott wird Mensch, wenn ich unreif
und unvollkommen bin.

Weil Gott Mensch wird, darf ich klein
und unfertig sein.
Weil Gott Mensch wird, darf ich suchend
und fragend sein.
Weil Gott Mensch wird, darf ich Zweifel
und Ängste haben.
Weil Gott Mensch wird, darf ich
kleingläubig und unentschlossen sein.
Weil Gott Mensch wird, darf ich glücklich
und verspielt sein.
Weil Gott Mensch wird, darf ich zärtlich
und liebevoll sein.
Weil Gott Mensch wird, darf ich fröhlich
und genießerisch sein.

Ich erlebe einen menschenfreundlichen Gott;
Gott vertraut den Menschen.

Ich erfahre einen fürsorglichen Gott;
Gott will uns als erwachsene Menschen.

Ich leide an einem fernen und unnahbaren Gott;
Gott verbirgt sich und er drängt sich
nicht auf.

Ich wünsche mir einen spürbaren Gott;
Gott lässt sich erahnen, nicht erzwingen.

Ich hoffe auf einen barmherzigen Gott;
Gott löscht den glimmenden Docht der Suche
nicht aus, er verzeiht immer!

Ich sehne mich nach einem dynamischen Gott;
Gott sagt von sich »Ich werde da sein, das ist
mein Wesen.«

Ich baue auf einen mutigen Gott;
Gott lässt sich durch nichts
und niemanden beirren.

Ich glaube Gott kommt herunter;
Gott ist ein »heruntergekommener Gott«, der
sich in Augenhöhe zu uns gott- und menschen-
gleich fühlt.

Ganz Mensch und ganz Gott – so bekennen wir
in unserem Glauben.
Ganz Sein, Sein das ist alles, das ist Allheit, Eins-
sein, in sich und Gott sein, den eigenen Seelen-

grund finden und gleichzeitig zu Gott finden – das ist unser Glaube.

Gott wird Mensch, heißt im tiefsten Wesen Gottes den Menschen sehen und im tiefsten Wesen des Menschen Göttlichkeit aufstrahlen lassen.

Gott können wir nur menschlich erfahren, erleben, begreifen.

Weihnachten ist das Fest, Gottwerdung und Menschwerdung in eins zu sehen und zu begreifen.
Gott wird Mensch, und der Mensch kann ganzheitlich Mensch werden.
Gott wird Mensch, und ich weiß darum, dass Göttliches und Menschliches in eins gehen.

Weihnachten, das Fest des Neuwerdens, Ganzwerdens, Kindwerdens.
Weihnachten, ein Weg beginnt: Der Weg Gottes im Menschen und der Weg des Menschen in Gott.
Weihnachten, dein und mein Weg wird zum Ziel.
Jesus wird einer von uns, einer wie du und ich, und das ist göttlich!

Das Bild fällt aus dem Rahmen

PETRUS CEELEN

Holder Knabe
im lockigen Haar.

Ein Bild
von einem Kind.

Ein echter Jude,
richtig beschnitten.

Das Bild
hängt schief.

Unehelich geboren
in einem Stall.

Das Bild
fällt aus dem Rahmen.

Eine Botschaft für die am Rand

UWE BIRNSTEIN

Warum eigentlich haben die Engel ausgerechnet den Hirtinnen und Hirten zuerst die Nachricht von der Geburt des Heilands überbracht? Warum nicht den Priestern des Jerusalemer Tempels, dem Rabbi der Synagoge von Betlehem oder dem Bürgermeister der Stadt, warum nicht den wohlhabenden Honoratioren?
Hirte – der Beruf wurde in Zeiten des Römischen Reichs kläglich bezahlt. Hirten gehörten zu den am wenigsten angesehenen Menschen der Gesellschaft, sie standen auf einer Stufe etwa mit Zöllnern, Banditen und Betrügern. Und das, obwohl der Beruf vollen Einsatz fordert. Hirten müssen die Herde zum Wasser und durch dunkle Täler

führen. Kommt es hart und greifen Raubtiere an, haben die Hirten den Löwen Teile des gerissenen Tieres aus dem Maul zu reißen – und sei es nur ein Ohrläppchen, wie der Prophet Amos (3,12) überliefert.

Wahrscheinlich haben die Engel gut überlegt und sind zu dem Schluss gekommen: Den Armen, am Rande Stehenden gilt die Frohe Botschaft von Weihnachten am meisten. Mit Hilfe der Engel erkennen sie den Retter der Welt als Erste.

Kommet, ihr Hirten

BÖHMEN, 19. JAHRHUNDERT

Kommet, ihr Hirten, ihr Männer und Fraun,
kommet, das liebliche Kindlein zu schaun,
Christus, der Herr, ist heute geboren,
den Gott zum Heiland euch hat erkoren.
Fürchtet euch nicht!
Lasset uns sehen in Bethlehems Stall,
was uns verheißen der himmlische Schall;
was wir dort finden, lasset uns künden,
lasset uns preisen in frommen Weisen.
Halleluja!
Wahrlich, die Engel verkündigen heut
Bethlehems Hirtenvolk gar große Freud:
Nun soll es werden Friede auf Erden,
den Menschen allen ein Wohlgefallen.
Ehre sei Gott!

Ungewöhnlich gewöhnlich

FRANZ KAMPHAUS

Denken Sie nicht auch: Jesus gehört in die Reihe der ganz großen Gestalten der Menschheit: Sokrates, Goethe, Bach, Beethoven, Mozart, Rembrandt ... Die Top Ten der Menschheitsgeschichte. Doch Jesus begegnet uns in den Evangelien nicht als genialer Übermensch. Er fällt zunächst kaum auf, ist ungewöhnlich gewöhnlich. Er stammt aus ganz einfachen Verhältnissen. Er ist in seiner jüdischen Heimat nie zu einer Spitzenposition aufgestiegen, er hatte weder Rang noch Namen. Er hat nie ein Buch geschrieben, nur kurze Zeit in der Öffentlichkeit gewirkt.

Aber er ist doch der Gründer einer Weltreligion! Viele nennen ihn zusammen mit Buddha oder Mohammed. Die haben versucht, Menschen Zugänge zu Gott zu bahnen. Jesus steht dafür, dass Gott sich einen neuen Zugang zu den Menschen gebahnt hat – nicht hoch hinaus, sondern tief herunter. Er hat Gott vereinbar gemacht mit dem ganz gewöhnlichen Menschsein. Transzendenz nach unten! Jesus – der Name ist Programm: Gott rettet. Er ging dabei bis zum Äußersten, bis in die letzte Hütte, in die Futterkrippe. Gottesgeburt im Stall – das ist Weihnachten.

Jesus hat uns Gott nahegebracht. Seinen Willen und seine Herrschaft hat er gegenüber allen menschlichen Autoritäten unnachgiebig vertreten: »Sucht zuerst Gott und sein Reich – alles andere dann ...«. Die Wirklichkeit Gottes war ihm wichtiger als Selbstverwirklichung. Er lud die Menschen ein, sich mit Gott zu versöhnen, nicht nur mit sich selbst. Er wollte verhindern, dass sie bei sich selbst stehen bleiben und nicht über sich hinauskommen, sich in der Sorge um sich selbst erschöpfen. Er gründete ihr Leben in Gott. Das schenkt Freiheit, das lässt aufatmen.

Er sprach vom Salz der Erde, nicht von Honig oder Marmelade. Er hat die Leidenschaft nicht durch Gemütlichkeit ersetzt. Vorsichtig und sparsam mit sich selbst umzugehen war nicht seine Art. Er schonte sich nicht, er setzte sich aus. Er beanspruchte keine Privilegien und pochte nicht auf seinen Besitzstand. Er wollte nicht an anderen verdienen, er diente. Er hatte kaum Geld. Gott war ihm wichtiger als ein sattes Bankkonto. Wenn man heute hierzulande den Eindruck gewinnt, die Kirche bräche zusammen, weil ihr das Geld ausgeht – die Sorge hatte er nicht. Als Patron kirchlicher Wehleidigkeit ist er nicht zu gebrauchen.

Er widerstand der Versuchung, die Welt mit Gewalt in Ordnung zu bringen – kein heiliger Krieger, der um der vermeintlich guten Sache willen über Leichen geht. Er war überzeugt, dass es besser ist, den Erfolg zu opfern als Gottes Liebe. Er war so frei, sich verschenken zu können. Er ließ nicht andere für sich sterben, sondern starb für die Menschen – »für euch und für alle«. Krippe und Kreuz – er ist sich treu geblieben.

Aus Gott geboren

Noch einmal: Wer ist der in Betlehem geborene Jesus, den wir als den Christus bekennen und der uns den Namen gibt? Einen Augenblick könnten wir denken: Er ist ein religiöses Genie, ganz außergewöhnlich begabt in Sachen Gott. Ist damit alles gesagt? Was für seine Göttlichkeit spricht, ist nicht allein aus den Qualitäten seiner Mensch-lichkeit zu erklären. Die Evangelien bezeugen, dass er noch aus einer anderen Wurzel lebt, die nicht in der Zeit gewachsen ist.

Bei einem Kind sagen wir oft: »Schau her, ganz der Vater, ganz die Mutter ...« Jesus ist nicht einfach nur aus seinem jüdischen Stammbaum erwachsen. Er ist auch nicht die Gipfelleistung der Menschheit, ein Glücksfall der Evolution. Es gibt nichts im Schoß der Natur, nichts in der menschlichen Fruchtbarkeit, das ihn hervorbringen könnte. Er ist von Gottes Art: »empfangen durch den Heiligen Geist, geboren von der Jungfrau Maria«. Jesus trägt das Feuer des Gottesgeistes mitten in unser gewöhnliches irdisches Dasein. Und zugleich ist er wie ein Pfeil, der von uns aus weit über die Natur hinausgeht auf Gott hin. Zweifach spricht er das Ja – von Gott her in die Welt und von der Welt her zu Gott. In ihm entdecken wir beides: Wer Gott ist und wer der Mensch ist. Er ist der Sohn Gottes und der Menschen.

Jesus will keine Fans, sondern Nachfolger. Es genügt nicht, ihm von der Tribüne her Beifall zu klatschen. Es kommt darauf an, seinen Weg einzuschlagen. Die Wahrheit seines Lebens will uns Beine machen, wie den Hirten auf den Feldern Betlehems. Sie ist nicht im Sitzen zu erledigen. Er ist uns voraus, und wir sind hinter ihm her. Sind wir's?

An Heiligabend

DANIEL CZEPKO

O Mensch, willst du Gott sehn und seiner
Liebe Bahn,
Geh auf das Feld: das Heer der Hirten
sagt sie an;
Schau in die Luft: die Schar der Engel singt
sie dir;
Klopf an zu Bethlehem: ein Stern zeigt
dir die Tür!
Tritt in den Stall: die Kripp umhüllt und
schleußt sie ein;
Du musst Hirt, Engel, Stern, Kripp aber selber sein.

Weihnachtslied aus Haiti

Es ist Weihnachten,
wenn alle bereit sind für das Fest.
Weihnachten heißt: mit Hoffnung leben.
Wenn sich Menschen die Hände
zur Versöhnung reichen,
wenn der Fremde aufgenommen wird,
wenn einer dem anderen hilft,
das Böse zu meiden und das Gute zu tun,
dann ist Weihnachten.

Weihnachten heißt:
die Tränen trocknen,
das, was du hast, mit anderen zu teilen;
jedes Mal, wenn die Not eines Unglücklichen
gemildert ist, wird Weihnachten.

Jeder Tag ist Weihnachten
auf der Erde, jedes Mal, wenn einer
dem anderen Liebe schenkt;
wenn Herzen zufrieden und glücklich sind,
ist Weihnachten,
dann steigt Gott wieder vom Himmel herab
und bringt das Licht.

Textnachweise

Uwe Birnstein, S. 60: Die Könige aus dem Morgenland; S. 97: Ders., Eine Geschichte für Träumer und Denker; S. 115: Eine Botschaft für die am Rand, aus: Ders., Jung, ledig, schwanger sucht ... Warum Weihnachten uns zu Herzen geht, © CAMINO,, Verlag Katholisches Bibelwerk, Stuttgart 2015. | **Franz-Josef Bode,** S. 105: Die Hirten, aus: Ders., Heute erfüllt sich das Wort. Die Botschaft des Lukas-Evangeliums, © Verlag Katholisches Bibelwerk, Stuttgart 2015. | **Dietrich Bonhoeffer,** S. 48: Verheißung, aus: Ders., Predigt zu Lukas 21,28, 3.12.1933, DBW Bd. 13; S. 51: Maßlos warten, aus: Ders., Predigt zu Lukas 12,35–40, 29.11.1931, DBW Bd. 11; S. 80: Bist du bereit?, aus: Ders., Predigt (Fragment) zu Deuteronomium 32,48–52, Havanna/Cuba, 21.12.1930, DBW Bd. 10; S. 103: Die große Wendung, aus: Ders.; Predigtmeditation zu Jesaja 9,5f., Weihnachten 1940, DBW Bd. 16 (DBW = Dietrich Bonhoeffer Werke, hg. v. Eberhard Bethge u.a., 17 Bände, Gütersloher Verlagshaus, Gütersloh 2015). | **Petrus Ceelen,** S. 12: Mensch, wach auf; S. 26: Wie im Himmel, so auf Erden; S. 69: Zeit schenken; S. 114: Das Bild fällt aus dem Rahmen, aus: Ders., Auf einen Espresso. 365 Inspirationen für das Jahr – für das Leben, © Verlag Katholisches Bibelwerk, Stuttgart 2013. | **Anke Gollnik,** S. 78: Genau wie damals, © bei der Autorin. Quelle unbekannt. | **Rainer Haak,** S. 18: Auf dem Weg nach Bethlehem; S. 77: Himmel und Erde, aus: Ders., leise höre ich ihn lachen. Begegnungen mit Jesus, © CAMINO, Verlag Katholisches Bibelwerk, Stuttgart 2015. | **Hans-Jürgen Hufeisen,** S. 20: Grünkraft, aus: Ders., Der Himmel klingt in dir. Die heilende Kraft der Weihnachtslieder, © CAMINO, Verlag Katholisches Bibelwerk, Stuttgart 2015. | **Franz Kamphaus,** S. 54: Sind wir noch im Bilde?; S. 83: Guter Hoffnung sein, aus: Ders., Verheißungen. Der spirituelle Adventsbegleiter, hg. v. Regina Groot Bramel, © Verlag Katholisches Bibelwerk, Stuttgart 2014; S. 75: Gott – Mensch für mich?; S. 94: Wo die Engel singen; S. 118: Ungewöhnlich gewöhnlich, aus: Ders., Gesalbt, nicht angeschmiert. Die Botschaft der großen Feiern im Kirchenjahr, hg. v. Regina Groot Bramel, © Verlag Katholisches Bibelwerk, Stuttgart 2015. | **Gerhard Karrer,** S. 70: Wohin mit der Liebe?; S. 110: Gott wird Mensch, aus: Ders., Christkind, Der spirituelle Wegbegleiter durch die Advents- und Weihnachtszeit, © Verlag Katholisches Bibelwerk, Stuttgart 2011. | **Marie Luise Kaschnitz,** S. 40: Was war das für ein Fest?, aus: Dies., Gesammelte Werke in 7 Bänden. Herausgegeben von Christian Büttrich und Norbert Miller. Band 4: Die Erzählungen. © 1983 Insel Verlag, Frankfurt am Main. © Iris Schnebel-Kaschnitz, Berlin. | **Walter Kardinal Kasper,** S. 32: Worauf Verlass ist, aus: Ders., Bedenke dein Geheimnis. Meditationen zu Advent und Weihnachten, © Verlag Katholisches Bibelwerk, Stuttgart 2015. | **Roland Kerschbaum,** S. 89: Josef, der Traummann Gottes, aus: Ders., Lichterketten. Der spirituelle Adventsbegleiter, © Verlag Katholisches Bibelwerk, Stuttgart 2013. | **Karl Kardinal Lehmann,** S. 13: Licht und neuer Mut – meine wichtigste Adventserfahrung, aus: Ders., Weihnachten. Die Kraft eines verkannten Festes, unter Mitarbeit von Claudia Sticher, © Verlag Katholisches Bibelwerk, Stuttgart 2014. | **Jens Maierhof,** S. 27: Vorläufig; S. 38, Fange an bei mir – Meditation; S. 52, Liebe; aus: Ders., Vorfreude. Der spirituelle Adventsbegleiter, © Verlag Katholisches Bibelwerk, Stuttgart 2012. | **Erich Purk,** S. 46: Spuren hinterlassen, aus: Ders., Hell wie ein Stern. Der spirituelle Wegbegleiter durch die Advents- und Weihnachtszeit, © Verlag Katholisches Bibelwerk, Stuttgart 2003. | **Paul Weismantel,** S. 30: Die Kunst, die Zeit zu ehren; S. 73, An Gottes Segen; aus: Ders., Segensgebete für das Jahr – für das Leben, © Verlag Katholisches Bibelwerk, Stuttgart 2012.

Ein CAMINO-Buch aus der

Gestaltung: Finken & Bumiller, Stuttgart
Herstellung: Finidr s.r.o., Český Těšín
Printed in the Czech Republic

ISBN 978-3-96157-014-0
www.camino-buch.de